NFT 마켓의 원리

* 본 책에서는 암호자산이 아닌, 일반적으로 널리 쓰이는 가상통화라는 단어를 사용했습니다.
* NFT 기술은 날로 진화하고 있으며, 매일 새로운 NFT 마켓플레이스가 오픈되고 있습니다. 가능한 최신 정보를 다루었으나 본 책의 내용은 2021년 9월 시점이라는 점을 염두에 두기 바랍니다.
* 본 책은 NFT 아트 투자를 추천하는 책이 아닙니다. 본 책의 정보를 기반으로 섣부른 투자를 해서는 안 되며, 모든 투자에는 본인의 책임이 따른다는 점을 유의하기 바랍니다.

NFT 마켓의 원리

메타버스 시대의 콘텐츠 혁명

아다치 아키호 지음
박세미 옮김

비즈니스랩

들어가며

지금 이 책을 손에 든 사람이라면, NFT나 NFT 아트 같은 디지털 데이터가 왜 엄청난 금액에 거래되는지 이상하기도 하고 궁금하기도 할 것이다.

2021년 3월, 해외 유명 미술품 경매에서 비플Beeple이라는 예명으로 활동하고 있는 디지털 아티스트 마이크 윈켈만Mike Winkelman의 작품 〈매일: 첫 5,000일Everydays: The First 5,000 Days〉이 750억 원이라는 엄청난 금액에 낙찰되었다는 소식에 전 세계가 깜짝 놀랐다. NFT가 대체 무엇이기에 이렇게까지 비싼 가격에 거래되는 건지 많은 사람이 궁금해했다.

사실 필자도 당시에는 무슨 일이 일어나고 있는지 도통 갈피를 잡지 못했다. 컴퓨터와 인터넷 관련 업종에 종사하는 만큼,

디지털 데이터는 간단하게 복사할 수 있다는 사실을 잘 알고 있었다. 원본과 복제 데이터가 완전히 똑같다는 점은 의심의 여지가 없었고, 기업 연수나 강의에서도 항상 그렇게 가르쳤다. 그래서 NFT 아트가 원본이 단 1점뿐이라는 희소가치 때문에 비싼 가격에 거래된다는 사실을 도무지 이해할 수 없었다.

하지만 막상 공부를 해보니 NFT는 블록체인과 관련된 기술이며, 앞으로 디지털의 가치를 크게 바꿀 수 있는 엄청난 기술이라는 사실을 깨달을 수 있었다. NFT 작품이 수억 원, 수십억 원에 낙찰되었다는 뉴스에 눈길이 쏠리기 마련이지만 대부분 거품이었고, 지금은 점차 안정을 찾고 있다. 그렇다고 해서 NFT의 평가가 떨어진 것은 아니다. 이제는 디지털 아트를 넘어 전자책, 스포츠, 패션 등 새로운 가능성을 보여주는 비즈니스까지 등장하고 있다.

필자는 2014년에 비트코인과 블록체인에 대한 초보자용 전자책을 출판했고, 은행, 상공회의소 등 여러 곳에서 강의를 진행했다. 그러던 중 NFT를 쉽게 이해할 수 있는 책이 있었으면 좋겠다는 생각에 2021년 4월 전자책《NFT 해설서, 왜 디지털 아트가 750억 원에 팔리는가?》를 집필했다. 그 후 전자책에 대한 문의가 끊이지 않아 일반 서적으로도 출판을 고려했다.

필자는 이 책에 새로운 기술이 세상을 어떻게 바꾸어나갈 것인지 다양한 내용을 소개하며 최근 NFT 트렌드를 보다 알기 쉽게 설명했다. 특히 디지털 데이터임에도 원본을 증명할 수 있다는 사실은 어떤 의미가 있는지, 지금까지의 디지털 개념과는 어떻게 크게 다른지 설명했다. 또한 NFT의 기반인 블록체인에 관해서도 이야기하며 '신용하지 않고도 증명할 수 있는' 기술의 효과를 설명했다.

자기소개가 늦었다. 필자는 프로그래머 출신으로, IT업계에서만 30년 넘게 일했다. 1993년 즈음에는 미국 실리콘밸리에서 일했는데, 그곳에서 처음으로 인터넷을 접했다(윈도우95가 나오기도 전의 이야기다). 그 당시 받은 충격은 지금도 생생하다.

어느 날 상사였던 미국인 엔지니어가 잠깐 자기 자리로 와보라고 해서 가봤더니 그의 컴퓨터 화면에 'Kyoto University'라는 글자가 나타나 있었다. 지금은 지구 어디에서나 해외에 있는 대학교 웹사이트에 접속할 수 있지만, 그 당시에는 어떻게 캘리포니아 사무실에 있는 컴퓨터에 '교토대학'이라는 글자가 나타난 건지 이해하지 못해 그저 멍하니 서 있었다. 내 모습을 본 상사는 마우스를 클릭해 일본의 날씨 정보를 보여주었다. 필자는 반쯤 정신이 나간 상태로 "대체 이게 어떻게 된 일이에요?" 하고 물었다. 상사는 빙긋이 웃으며 이렇게 대답했다.

"It's Internet!(인터넷이야!)"

처음 들어본 '인터넷'이라는 단어에 홀려 계속해서 공부를 하다 보니 앞으로 세상이 격변할 것이라는 확신이 들었다. 그 후 미국에서 돌아오자마자 일본의 회사 경영진을 만나 지금 당장 인터넷 사업을 하지 않으면 뒤처질 것이라고 이야기했다. 하지만 그 당시 일본에는 인터넷이 알려져 있지 않은 상태였기에 대부분 필자의 말을 귀 기울여 듣지 않았다. 필자는 포기하지 않았다. 결국 3개월을 매달려 설득한 끝에 가장 저렴한 인터넷 회선을 계약할 수 있었다.

얼마 지나지 않아 윈도우95가 발매되었고, 인터넷은 시간이 흐를수록 사람들의 관심을 받기 시작했다. 회사는 1년 후 인터넷 회선 사업을 시작했고, 더 나아가 콘텐츠 사업에까지 발을 넓혔다. 이후 필자는 여러 벤처기업에서 일하면서 동영상 플랫폼, 위성 인터넷, 포털 사업, 온라인 쇼핑몰, 온라인 스케줄러 등 다양한 업계를 경험했다.

공공기관과 함께 일한 적도 많은데, 종종 은행이나 상공회의소, 전문직 모임 등에서 필자에게 강연을 의뢰하기도 한다. 필자는 어떻게 하면 서로 다른 업계에서 일하는 사람들이 IT 트렌드를 쉽게 이해할 수 있을지, 비트코인이나 블록체인, SNS 등을 어떻게 비즈니스에 활용할 수 있을지 고민하고 있다.

이 책은 최대한 전문 용어를 사용하지 않고 누구나 NFT에 대해 쉽게 이해할 수 있도록 집필했다. 끝까지 읽으면 NFT가 왜 이렇게까지 주목받고 있는지 알게 될 것이다. 필자는 줄곧 IT 업계에서만 일했기 때문에 예술에 대해서는 잘 모른다. 그러므로 NFT 아트를 고가에 판매하는 방법이나 NFT 작품에 투자하는 노하우는 다루지 않았다. 미리 양해 바란다.

    이 책을 통해 가벼운 마음으로 NFT의 현재 위치를 살펴본 뒤 NFT가 가져다줄 미래를 상상해보자. 분명 지금까지는 지나가는 뉴스로만 흘려듣던 NFT의 무한한 가능성에 눈을 뜨게 될 것이다.

아다치 아키호

차례

들어가며 5

제1장. NFT란 무엇인가

- 쌀 한 톨 크기의 그림과 고양이 게임에서 시작된 NFT 17
- 디지털 아트로 불붙은 NFT 21
- 예술 작품의 가격이 올라가는 이유 22
- 순식간에 제로가 되는 디지털 데이터의 가치 24
- 디지털 작품의 감정서 기능을 담당하는 NFT 26
- NFT를 지탱하는 블록체인 28
- 신용과는 아무 상관이 없는 블록체인 34
- 블록체인에서 NFT가 작용하는 방법 36
- 대표적인 블록체인, 이더리움 38
- NFT가 제시하는 방향 40
- 한정 수량만 판매할 수 있는 NFT 42
- 믿음의 영역이 아닌 증명의 영역 44

칼럼 1. 도편수와 NFT 아트의 공통점 47

제2장. 어떤 것이 팔리고 누가 사는가

- NFT로 16억 원의 매출을 달성한 AV 배우 51
- 뱅크시의 그림을 불태운 NFT 53
- 1억 3,000만 원에 판매된 VR 작품 56
- 30억 원에 팔린 트위터의 최초 트윗 58
- 오픈시에서 팔린 NFT 아이템 59
- 게임 아이템으로 돈 버는 방법 61
- NFT에 눈을 뜬 스포츠업계 66

칼럼 2. 인공지능은 아티스트가 될 수 있을까 68

- NFT로 판매되는 음악, 전자책, 도메인 71
- 가상공간의 부동산 거래에도 사용되는 NFT 74
- 실제 작품이나 권리 거래도 가능한 NFT 77
- NFT의 높은 진입장벽 79
- 게임, 스포츠, 아이돌과 잘 어울리는 NFT 82
- 본격적으로 움직이는 아트업계 84
- 예술업계를 쫓는 패션업계 87
- NFT 구매자, 과연 늘어날까 88

칼럼 3. 예술 작품, 폭넓은 시각으로 바라보자 92

제3장. NFT의 가능성

- 계약서와 스마트 계약　97
- 이더리움의 표준 규격　100
- 스마트 계약이기에 가능한 재판매 로열티　102
- 해시마스크 프로젝트의 본질　103
- 변화하는 아트, 영원히 미완성인 아트　106
- 구매 후에도 업데이트가 가능한 NFT 전자책　107

칼럼 4. 단 한 점이 중요한 그림 vs. 여러 번 이용하는 음악　110

- NFT를 소각해 새로운 NFT를 손에 넣는 '버너블 NFT'　113
- 현실 세계의 이벤트와 연동하는 '다이나믹 NFT'　114
- 여러 NFT를 조합해 새로운 가치를 만들어내는 '컨포저블 NFT'　117
- 고가의 NFT 아트를 여러 사람이 소유하는 '파편화 프로토콜 NFT'　118
- 인스타그램에 추가되는 NFT 기능　119
- NFT 관련 가상통화란　121
- 이제는 누구나 할 수 있는 NFT 비즈니스　122
- 750억 원에 팔린 비플의 작품, 다시 한 번 생각해보자　125

칼럼 5. NFT의 전력 소모는 환경에 나쁘다?　130

제4장. NFT 마켓플레이스

- NFT 마켓플레이스의 시장 규모와 거래 금액 137
- NFT 마켓플레이스 대표 '오픈시' 140
- 독자적인 가상통화 라리를 발행하는 '라리블' 141
- 작품을 심사하는 '니프티 게이트웨이' 142
- 2차 거래 금액의 10%가 원작자에게 돌아가는 '슈퍼레어' 143
- 탈중앙집권으로 자동화를 꿈꾸는 '자나리아' 143
- 아티스트 등록제로 운영하는 '나나쿠사' 144
- 가상통화거래소가 운영하는 '코인체크 NFT 베타(β)' 145

칼럼 6. 돈과 아트, 그리고 디자인 147

- NFT 마켓플레이스에서 작품 구매 시 주의할 점 150
- NFT는 출품만 하면 팔릴까 151
- 원본이 가짜일 수도 있다? 152
- 원본 데이터 분실? 154
- 법으로 정해져 있지 않은 디지털 데이터 소유권 155

칼럼 7. NFT 마켓플레이스는 안전한가 160

제5장. 미래의 NFT 비즈니스

- 불과 10년 만에 격변한 세상 165
- 해시마스크 모델을 응용하면 어떤 일이 일어날까 167
- 5G가 본격적으로 확대된다면? 170
- 재택근무에서 가상공간 근무로 174
- 가상공간 '세컨드 라이프'에서의 경험이 실제로? 176

칼럼 8. VR, AR, MR, 그리고 XR 180

- 현실과 완전히 똑같은 가상 세계 '디지털 트윈' 183
- 마이넘버와 NFT 185
- 프라이버시의 개념을 바꾼 NFT 187
- NFT를 지금 당장 비즈니스에 활용하는 방법 190

끝내며 195

미주 199

제1장

NFT란 무엇인가

◦ 쌀 한 톨 크기의 그림과 고양이 게임에서 시작된 NFT ◦

NFT는 어떻게 시작되었을까? NFT 아트가 엄청난 가격에 거래된다는 뉴스가 큰 화제를 불러 모으자 사람들은 예술가가 오랜 시간을 쏟아부어 만든 CG(컴퓨터 그래픽)에서 NFT가 시작되었을 것이라고 생각했다. 하지만 실제로는 가로 2㎜, 세로 2㎜ 정도인 쌀 한 톨 크기에 불과한 이미지[1]에서 NFT가 탄생했다.

2017년 초, 미국 벤처기업 라바 랩스Larva Labs의 창업자 매트 홀Matt Hall과 존 왓킨슨John Watkinson은 가로세로 각각 24픽셀의 작은 도트로 그린 얼굴 이미지를 컴퓨터에서 자동으로 재생하는 툴을 개발했다. 이러한 '도트 그림'은 화질이 떨어지는 옛

날 컴퓨터 게임 그래픽 같은 이미지로, 각각의 그림이 조금씩 달라 독특한 개성이 있다.

그들은 '이 그림들을 무언가 재미있는 용도로 쓸 수 없을까' 고민한 끝에 디지털 아트의 개별 소유권을 제공하는 실험을 떠올렸다. 그리고 2017년 6월, 당시만 해도 별다른 규격으로 확정되지 않았던 NFT를 사용해 '크립토펑크CryptoPunks'[2]라는 이름을 붙이고, 1만 개에 이르는 작은 이미지를 무료로 배포했다.

이때 가상통화의 한 종류인 이더리움을 기반으로 NFT를 배포했는데, 일명 '가스 요금'이라 불리는 거래 수수료만 내면 이미지를 자기 것으로 만들 수 있었다. 이처럼 NFT는 디지털 세상의 새로운 혁신을 좋아하는 사람들이 모인 조그마한 커뮤니티에서 그들끼리 주고받는 놀이 문화로 시작되었다.

NFT가 출시되고 2주 후에 미국의 전문 미디어 마셔블Mashable이 NFT에 대해 다루었다.[3] 기사를 보고 관심이 생긴 사람들은 자신들도 이미지를 손에 넣고자 했고, 점점 가격이 붙어 거래가 이루어졌다. 그 후 이들의 이미지는 가장 오래된 NFT 아트 프로젝트가 되었으며, 최초의 NFT 작품이라는 사실 때문에 급격하게 가격이 올라갔다. 그중에는 750만 달러(약 80억 원)에 거래된 이미지도 있다. 쌀알만큼 작은 이미지, 그것도 화질이 떨어지는 얼굴 이미지가 이렇게 고가에 거래되다니! 그 당시(라고 해도 불과 4년 전이지만)에는 그 누구도 상상하지 못했을 것이다. 마치 비트코인이 처음 나왔을 때 놀이처럼 거래했던 코인들이 어느새 수백만 원, 수천만 원의 가치에 다다른 현상과 같다.

그로부터 2개월이 지난 2017년 11월 말, 새로운 기술과 서비스를 육성하는 인큐베이션 기업 엑시엄젠Axiom Zen이 게임 '크립토키티CryptoKitties'[4]를 출시했다. 이는 NFT를 이용한 게임으로 유명해졌는데, 불과 한 달 만에 18만 명의 사용자를 끌어모았다.

크립토키티는 포켓몬 같은 고양이 캐릭터를 수집하는 게임이다. 모든 고양이는 각자의 특징을 가지고 있으며, 똑같은 고양이는 존재하지 않는다. 수집한 고양이를 교배해 번식할 수도 있는데, 새로 태어난 고양이는 부모 고양이의 개성을 물려받아 또 다른 모습이 된다. 고양이 캐릭터는 NFT에 따라 소유권을 사고팔 수 있다. 그중에서도 희귀한 모양의 고양이는 인기가 많아 고가에 거래되기도 한다. 2억 원에 낙찰된 사례가 널리 알려지면서 게임으로 일확천금을 노리는 사람들이 모여들었다.

지금은 하루 거래액이 무려 4,000만 달러(약 430억 원)에 달하는 커다란 아트시장으로 성장했지만 그 당시만 해도 갓 출시된 온라인 게임에 불과했고, 게임에 참가하려면 가상통화 이더리움을 내야 했다. 그렇기에 게임에 익숙하면서 동시에 가상통화를 보유한 소수의 사람만 즐겼을 뿐, 일반인에게는 거의 알려지지 않았다.

이렇게 게임에서 시작된 NFT에 대해 조금 더 살펴보자. NFT 기술은 2017년 9월 20일에 발표된 '스마트 계약' 표준 규격 'ERC-721'로 정해졌다. 앞서 이야기했듯 크립토펑크는 이러한 규격이 정해지기 전에 실험적으로 NFT를 사용했고, 크립토키티는 그로부터 2개월 후에 출시되었다는 사실을 생각해보면, 많은 사람이 이미 NFT의 가능성을 감지하고 있었다고 볼 수 있다. '스마트 계약'과 'ERC-721'에 대해서는 이후에 다시 설명하겠지만, 우선 NFT 기술은 2017년에 겨우 등장한 만큼 새로운 기술이라는 점을 염두에 두면 좋겠다. (참고로 2017년은 도널드 트럼프가 제45대 미국 대통령으로 취임한 해다.)

2017년 12월에는 세계 최대 NFT 마켓플레이스 '오픈시 OpenSea'가 서비스를 시작했다. 이 시기에 벌써 NFT 아트를 거래하는 서비스를 만들었다니! 감각이 상당한 듯하다. 지금은 100만 명 이상이 등록해 NFT 아트를 거래하는 거대한 마켓플레이스로 성장했는데, 2021년 7월 20일에는 시리즈 B(벤처기업의 경영이 안정되어 규모 확대를 꾀하는 투자)에서 투자액 1억 달러(약 1조 원) 이상을 유치해 유니콘 기업(평가액 10억 달러, 약 1조 원에 이르는 스타트업)이 되었다.

이들이 유치한 평가액이 어느 정도인지 가늠이 되는가? 일본의 대표 유니콘 기업 '스마트뉴스(일본의 대표적인 스마트폰 뉴스 제공회사—옮긴이)'와 거의 같은 규모로, 오픈시는 스마트뉴스가 7년 만에 달성한 목표를(물론 이것도 굉장한 성과다) 불과 4년 만에 달성했다. NFT아트시장이 얼마나 급성장했는지 알 수 있는 대목이다.

◦ 디지털 아트로 불붙은 NFT ◦

NFT가 이렇게까지 저변을 넓히게 된 데에는 디지털 예술 작품 거래가 중요한 계기로 작용했다. 2021년 3월, 미국의 디지털 아티스트 비플이 제작한 작품 〈매일: 첫 5,000일〉이 750억 원에 낙찰되었다. 경매가 이루어진 장소는 세계적으로 1, 2위 규모를 다투는 크리스티 경매장이었다. 이 소식이 순식간에 널리 알려지면서 많은 사람이 충격을 받았다.

〈매일: 첫 5,000일〉은 비플이 2007년 5월 1일부터 매일 하나씩 제작한 5,000장의 디지털 그림을 이어 붙여 한 장의 디지털 이미지로 만든 작품이다. NFT 작품이므로 지금도 온라인 크리스티 사이트에서 누구나 볼 수 있다.[5]

이때부터 'NFT 아트워크'라는 말이 생겨났는데, 많은 사람이 디지털 아트가 높은 가격에 거래된다는 점에 주목하기 시작했다. 디지털이라면 어떤 데이터든 NFT로 만들 수 있으므로 그림, 사진, 동영상, 음성 등이 NFT 아트로 출품되기 시작했다.

이어 오픈시, 라리블Rarible, 민트베이스Mintbase, 니프티게이트웨이NiftyGateway 같은 NFT 마켓플레이스가 차례로 오픈되었다. 일본에서도 가상통화거래소 코인체크CoinCheck가 NFT를 취급하기 시작했고, 나나쿠사Nanakusa 등 NFT 마켓플레이스가 우후죽순처럼 모습을 드러냈다. 가상통화시장 데이터를 수집하는 사이트 댑닷컴Dapp.com에 실린 것만 해도 해외에는 200개 이상의 마켓플레이스가 있으며,[6] 일본 같은 비영어권 마켓플레이스를 포함하면 2배 이상 달할 것으로 보인다. (한국에서는 가상통화거래소 '업비트'에서 NFT 거래가 가능하며, IT업체 '카카오'는 자회사 '그라운드X'를 통해 NFT 아트워크 거래소인 '클립드롭스'를 운영하고 있다. —옮긴이)

◦ 예술 작품의 가격이 올라가는 이유 ◦

NFT 아트에 대해 이야기하기 전에 실제 예술 작품의 가치에 대해 알아보자. 그림, 조각, 도예, 음악, 영화 등 세상에는 실로 다양한 예술 작품이 있다. 그중에는 넓은 판에 못 하나만 달랑 박아놓은 작품도 있고, 하얀 캔버스에 파란 선을 죽 그어놓은 작품도 있다. 예술에 큰 관심이 없는 일반인들이 보기에는 예술 작품인지 뭔지 판단이 어려운 경우가 많다. 심지어 일반인들은 그런 작품들이 고가에 거래된다는 사실이 절대 이해가 되지 않을 것이다.

예술 작품이 고가에 거래되는 중요한 이유 중 하나로 희소성을 꼽을 수 있다. 이 점은 예술을 잘 몰라도 어느 정도 이해가 된다. 마트에 갔는데 '선착순 50명 한정 세일!'이라는 문구를 보면 자기도 모르게 그 물건을 장바구니에 넣게 된다. 인간은 '한정'이라는 단어를 거스를 수 없는 존재이기 때문이다.

마찬가지로 딱 한 점만 존재하는, 혹은 처음 만들어진 작품은 대체품이 없으므로 희소하다는 평가를 받고 가치가 점점 올라간다. 처음에는 흔하게 널린 물건이었지만 시간이 흐르면서 남아 있는 것이 별로 없다면 갑자기 가격이 치솟기도 한다. 예를 들어 일본의 '우키요에'는 에도시대 중기에서 후기(일본의 역사 시기 중 하나로 조선시대 중후반과 비슷하며 약 1700~1800년대에 해당한다.—옮긴이)에 서민들에게 친숙했던 그림으로, 지금으로 치면 잡지나 신문 같은 존재였다. 이는 일본에서 유럽으로 수출하는 도자기 포장지나 완충재로 사용되기도 했는데, 이를 본 유럽인들은 그 매력에 빠져 수집을 했다고 한다. 1867년 파리에서 열린 만국박람회에 우키요에가 전시되면서 당시 유럽 상류 계층이 그림에 매력을 느끼고 수집을 시작했다는 이야기가 정설로 전해지고 있다.

이처럼 예술 작품은 아티스트의 인기가 올라갈수록 작품을 원하는 사람이 늘어나고, 덩달아 작품의 희소가치도 올라가면서 가격이 천정부지로 치솟는다. 수백만 원에 불과했던 작품이 아티스트의 인기가 올라감에 따라 수억 원, 수십억 원으로 가격이 뛰기도 한다.

◦ 순식간에 제로가 되는 디지털 데이터의 가치 ◦

실제 예술 작품과 달리 디지털 아트는 손쉽게 복제할 수 있다. 스마트폰으로 촬영한 사진 데이터를 SNS에 올리거나 메일에 첨부해 다른 사람에게 보낸다고 해서 기기에서 사라지는 것은 아니다. 무의식중에 점점 많은 복제판을 만드는 셈이다.

결의서나 제안서, 출장 보고서 등 회사에서 컴퓨터로 작성한 서류 데이터는 셀 수 없이 복제되어 관계자에게 전달된다. 종이로 된 서류는 계속 복사하면 세밀한 문자가 찌그러져 읽기 어려워진다. 그러나 디지털 서류는 아무리 복사를 해도 원본과 전혀 다를 바가 없다. 디지털 데이터는 완전히 똑같으므로 원본인지 복사판인지 구별할 의미조차 없다. 그 결과, 순식간에 희소가치가 떨어지고 가치가 사라지기도 한다.

SNS에 올린 정보는 빠른 속도로 퍼지고, 가치 또한 빠르게 사라진다. 정보는 아무에게도 말하지 않고 본인만 알고 있을 때 가장 가치가 높다. 하지만 역설적으로 정보의 가치는 다른 사람에게 전달할 때 비로소 결정된다. 다른 사람이 정보를 전달받고 "굉장해!", "이 정보 어디서 얻는 거야?"라고 말할 때 정보의 가치를 평가할 수 있다. 종종 "너에게만 알려주는 거야"라며 비밀 이야기를 하는 사람이 있는데, 이 행위 역시 정보의 가치를 조금이라도 올려보려는 욕구가 바탕에 깔려 있는 것이다.

전달하는 행위를 통해 정보의 가치는 올라가지만, 그렇게 전달하는 순간 또 다른 사람에게 퍼져 결국은 누구나 아는 정보가 되어버린다. 이렇게 되면 해당 정보의 가치는 사라지기 때문에 사람들은 또다시 새로운 정보를 1분, 1초라도 빠르게 얻고 싶어 한다. 그 결과, 누구보다 빠르게 만화책 신간을 읽거나, 누구보다 빠르게 드라마의 모든 시리즈를 보는 행위에 가치를 두는 사람이 등장하기도 한다.

정보 확산과 가치의 상관관계와 마찬가지로, 디지털 세계에서는 손쉽게 데이터를 복제할 수 있고 동시에 확산할 수 있어 희소가치가 점점 사라진다. 그리고 복제판을 만드는 비용도 거의 들지 않아 디지털 데이터의 가치는 한없이 제로에 가까워진다.

비즈니스 측면에서는 이렇게 가치가 떨어지는 일을 어떻게든 막아야 한다. 특히 영화나 음악 콘텐츠를 제작하고 송출하는 기업에는 사활이 걸린 문제이므로 절대 복제할 수 없도록 복제방지 기능을 사용하기도 한다. 하지만 이를 뚫으려 하는 사람이 항상 존재한다. 그로 인해 끊임없이 새로운 복제 방지 기술을 개발해야 하며, 그에 따른 개발비와 도입비가 콘텐츠 요금에 부과되기도 한다.

이러한 디지털 세상에서 원본과 그 외 복제품, 즉 레플리카 replica를 구별하려는 시도가 바로 NFT다.

◦ 디지털 작품의 감정서 기능을 담당하는 NFT ◦

디지털 세상에서는 원본도, 복제품도 완전히 똑같다고 설명했다. 하지만 NFT를 통해 원본과 복제품을 구별할 수 있다. 원본으로 증명된 디지털 데이터를 복제해도, 복제는 복제일 뿐이다. 디지털의 구조를 이해할수록 신기한 이야기다.

실제 예술 작품은 어떨까? 안타깝게도 미술업계에는 위작 판정을 받은 모조품이 존재한다. 그림을 잘 모르는 사람이 보아도 한눈에 가짜라는 것을 알아차릴 정도로 허술한 모조품도 있고, 전문 지식을 가지고 있는 감정사의 눈조차 속일 정도로 똑같이 만든 모조품도 있다. 미술관들이 도난 위험을 방지하고자 정교한 위작을 전시해놓고, 정작 진품은 금고에 보관한다는 소문까지 나돌 정도다.

일반인이 구별하지 못할 정도로 똑같은 위작에 속지 않으

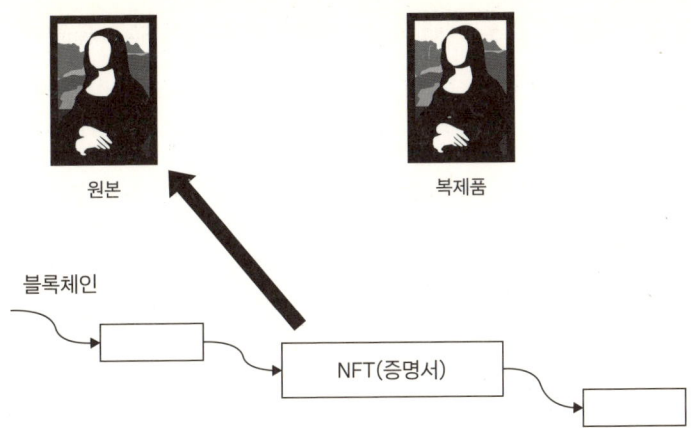

▶ 블록체인의 NFT가 원본을 보증한다.

려면 감정서를 보고 진품 여부를 판단할 수밖에 없다. 감정사가 진품으로 판정한 감정서 덕분에 그림을 잘 모르는 일반인도 안심하고 작품을 거래할 수 있다. 감정서가 없으면 경매 접수조차 하지 못하는 곳이 있을 정도로 감정서는 중요한 역할을 한다.

 NFT는 디지털 작품의 감정서 기능을 담당한다. 다만, NFT는 디지털 감정서이므로 인간의 눈으로 직접 확인할 수 있는 감정서는 존재하지 않는다. 만약 실제 예술 작품과 마찬가지로 디지털 감정서를 PDF 파일로 만들면 어떻게 될까? 디지털 예술 작품 데이터와 마찬가지로 감정서도 함께 복제해버리면 복제품에도 감정서가 붙어 있으니 어떤 데이터가 진짜인지 구별할 수 없다.

NFT는 원본을 어디에 저장했는지 기록해두고, 그 기록을 인터넷상에서 누구나 확인할 수 있는 기술이다. 기록을 누구나 언제 어디서든 확인할 수 있기 때문에 원본이라는 사실을 증명할 수 있다. 데이터를 그대로 복제해 원본이라고 주장해도 NFT 기록을 보면 원본 데이터가 어디에 있는지 알 수 있으므로 복제 사실이 발각된다.

그런데 NFT 기록마저 조작한다면? 진짜와 가짜가 뒤섞일 수도 있다. 그럼 어떻게 NFT의 변조를 막을 수 있을까?

◦ NFT를 지탱하는 블록체인 ◦

NFT 기록을 보면 원본 데이터가 어디에 있는지 알 수 있다고 이야기했는데, 그 기반에는 블록체인 기술이 있다. 내용이 블록체인에 기록되어 있어 함부로 변조할 수 없는 구조로, 블록체인의 기본을 알아두면 NFT를 한층 더 이해할 수 있다. 가능한 전문 용어를 사용하지 않으면서 알기 쉽게 설명하도록 하겠다.

블록체인은 가상통화 비트코인에 관해 쓴 논문[7]에 등장한다. 논문이라고는 하지만 특별히 어렵지 않다. 심지어 학회지 등에 실리지도 않은, 인터넷에 올라간 자료일 뿐이다. 다만, 논문에 담긴 아이디어가 매우 획기적이다.

이 영어 논문의 저자는 나카모토 사토시다. 이름 때문에 한때 일본인이라는 추측도 있었다. 여러 억측이 난무하는 가운데, 저자로 지목받은 수학자, 컴퓨터 엔지니어들이 여럿 있었지만 그들 모두 자신이 쓴 논문이 아니라며 부정했다. 반대로 자신이 저자라고 나선 이들도 있었는데, 블록체인이 처음으로 기록한 비트코인을 송금하지 못해 모두 가짜로 밝혀졌다. 지금까지도 논문의 주인공은 밝혀지지 않았다.

논문의 주인공이 누구인지는 수수께끼로 남았지만, 블록체인의 아이디어는 기존과는 전혀 다른 방식으로 데이터의 유효성을 증명했다. 얼마나 굉장했는지 블록체인의 개념은 IT업계뿐 아니라 금융, 국제정치, 무정부주의자, 심지어 철학과 도덕 분야에까지 영향을 미칠 정도였다. 예를 들어 블록체인을 응용해 국가가 법정통화로서 전자화폐를 발행하는 '중앙은행 디지털 화폐CBDC, Central Bank Digital Currency'에 대한 구상이 시작되었고, 중국에서는 디지털 인민폐가 등장했다. 이러한 흐름에 뒤처진 일본을 비롯해 많은 국가가 관련 체제를 정비하느라 매우 분주하다.

블록체인은 분산화(이는 중요한 특징이므로 이후에 다시 설명하도록 하겠다)되어 있기에 법률이나 규제에 얽매이지 않으며, 한꺼번에 여러 국가를 대상으로 사업을 하려는 시도도 있다(그중 하나가 NFT다). 또한 이론적으로도 매일 추가되는 블록체인의 기록은 수십 년, 수백 년 후에도 확인할 수 있으며, 변조가 불가능하다. 이는 잊히지 않고 누구나 영원히 확인할 수 있다는 의미다. 그로 인해 철학과 도덕 분야에서 '잊힐 권리'에 대한 논의가 활발하게 이루어지고 있다. 블록체인은 이 정도로 폭넓은 분야에 영향을 미치고 있다.

쉽게 말해 블록체인은 '모든 거래 이력을 기록하는 거대한 장부'라 할 수 있다. 블록체인에는 나카모토 사토시가 A계좌에서 B계좌로 1비트코인을 송금한 시점부터 지금 여러분이 이 책을 읽고 있는 순간까지 일어난 모든 거래가 기록되어 있다. 은행이나 대기업의 회계 장부와 크게 다를 바 없어 보이지만, 디지털 장부이므로 종이 장부로는 상상도 하지 못한 일을 할 수 있다.

그럼 지금부터 블록체인과 종이 장부의 차이점을 하나씩 살펴보자. 우선 종이 장부는 어디에 보관할지 신중하게 선택해야 한다. 중요한 기록이므로 분실해서도, 누군가가 마음대로 변조해서도 안 된다. 그래서 보통은 육중한 자물쇠가 달린 캐비닛이나 금고에 보관하고, 경영진이나 책임자 등 특정 사람만 꺼내 본다. 그리고 항상 정본과 부본을 만들고, 부본은 원본이 아닌 사본 취급을 받으며 열람만 할 수 있다. 정본 내에서 모든 정보를 관리하며 추가 기록을 하거나 수정할 때도 정본으로만 가능하다. 이처럼 종이 장부는 중앙집권적인 시스템으로 관리한다.

반면 블록체인은 단순히 디지털화한 것뿐 아니라, 비트코

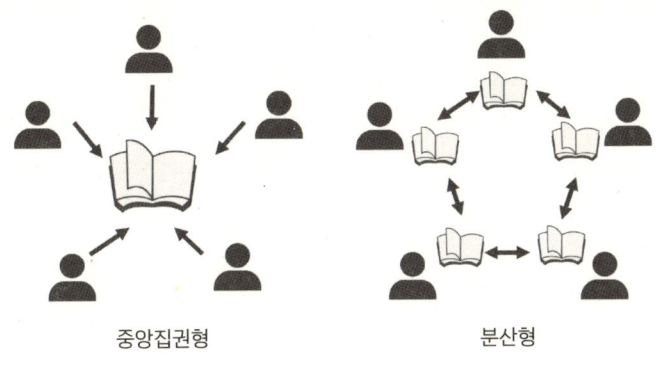

| 중앙집권형 | 분산형 |

▶ 장부의 중앙집권형과 분산형 차이

인을 사용하는 전 세계 모든 컴퓨터에 장부 데이터가 복사된다. 디지털답게 데이터를 간단하게 복제할 수 있으며, 복제된 데이터도 원본과 완전히 똑같으므로 모든 버전이 정본이라 할 수 있다. 또한 똑같은 데이터가 수백, 수천 대의 컴퓨터에 존재하게 된다. 내용이 추가되거나 수정되어도 항상 인터넷에 연결되어 있으므로 바뀐 거래 이력은 순식간에 전 세계 장부에 기록된다. 중앙집권적인 방식과 달리 분산된 형태이므로 '분산형 장부'라고 표현할 수 있다.

여러 곳에 흩어져 있는 컴퓨터에 똑같은 데이터가 연동되다 보니, 누군가가 눈앞에 있는 컴퓨터에 기록되는 블록체인 데이터를 바꾸려고 해도 내용이 다르다는 사실이 곧바로 판별되어 즉시 수정된다. 다수결에 따라 어떤 데이터가 맞는지 결정되므로, 만약 변조하려고 마음먹었다면 수백 군데에 흩어진 데이터를 동시에 절반 이상 바꿔놓아야 한다. 현실적으로 매우 어려운 일인 만큼, 결과적으로 비트코인의 거래 데이터를 변조하는 일은 불가능하다고 할 수 있다. (물론 비트코인처럼 사용자가 많은 가상통화에서는 이러한 이론이 성립하나, 이용자가 적은 가상통화라면 순식간에 절반을 점유할 수 있으므로 변조가 불가능하다고 단언할 수 없다.)

또한 전 세계 컴퓨터에서 일어난 거래 데이터가 기록되고 그 내용을 누구나 열람할 수 있다는 점도 종이 장부와 크게 다르다. 누구나 거래 내용이나 비트코인 계좌의 잔액을 확인할 수 있다. 다만, 계좌번호를 알아도 해당 계좌를 누가 소유했는지는 알 수 없다. 개인 정보인 이름이나 메일 주소 등이 계좌와 연동되어 있지 않으므로, 어디에 사는 누구의 계좌인지는 계좌 소유자가 직접 나서지 않는 한 아무도 알 수 없다. 이는 개인 정보를 따로 등록하지 않고도 비트코인이 있는 계좌를 확인할 수 있다는 의미이기도 하다. 한 사람이 여러 개의 계좌를 소유할 수도 있는데, 실제로 송금할 때마다 일회용 계좌를 만드는 사람도 있다.

이름이나 메일 주소 등 개인 정보를 등록하지 않아도 여러 개의 계좌를 쉽게 만들 수 있다고 하면 어떻게 계좌번호를 관리하는지 궁금해하는 사람이 많다. 은행 계좌를 만들 때는 직접 창구에 방문해 본인 확인을 하고, 이름과 주소, 전화번호 등을 등록해 특정 계좌가 누구의 소유인지 정확하게 관리한다. 이 경우, 개인 정보까지 관리해야 하므로 보안 및 데이터 백업 등에 유지비가 소요된다. 예금 금리가 0%에 가까울 정도로 낮은데도 불구하고 계좌 관리 비용이나 현금 인출에 들어가는 수수료가 높다 보니 '마이너스 금리'라는 말까지 등장했다.

이와 달리 블록체인을 활용하면 컴퓨터 프로그램이 계좌를 발행한다. 이름과 주소 등 개인 정보는 보관하지 않으므로 시중 금융기관과 비교하면 매우 적은 비용으로 계좌를 관리할 수 있으며, 특히 해외 송금 시에는 자릿수가 다를 정도로 수수료가 매우 낮다.

그러나 장점만 존재하는 것은 아니다. 중앙에서 별도로 관리하는 조직이나 기업이 존재하지 않기 때문에 계좌번호나 비밀번호를 잊어버리면 문의할 곳이 전혀 없다. 가상통화거래소를 통해 계좌를 등록했다면 거래소에서 개인 정보를 관리하므로 어떻게든 대처할 수 있지만, 스스로 개설한 계좌는 어디까지나 본인에게 책임이 있는 만큼, 비밀번호 등을 분실하면 영원히 찾을 수 없다. 수천 개의 비트코인을 넣어놓은 컴퓨터를 깜빡하고 폐기해 좌절한 사람의 이야기를 뉴스 등을 통해 접한 적이 있을 것이다.

정리하면 블록체인은 디지털로 된 장부이며, 전 세계 각지에서 같은 장부가 실시간으로 복제된다. 만일 변조한다고 해도 다수결에 따라 즉각 올바른 데이터로 수정되고, 시중 금융기관과 달리 중앙에서 별도로 관리하는 조직이나 기업이 존재하지 않는다.

한 가지 더 보충 설명을 하면 앞서 언급한 특징들은 비트코인에 기반한 블록체인의 특징이다. 여기서 파생한 또 다른 종류의 블록체인 기반 가상통화는 별도로 관리 주체가 있기도 하고, 특정 사용자만 장부 데이터를 보유하는 등 운영 방식이 제각각 다르다. 이렇게 각각 운영 방식이 다른 점도 가상통화만의 특징이다.

∘ 신용과는 아무 상관이 없는 블록체인 ∘

블록체인의 구조는 수학적으로 증명할 수 있다. 거래 이력을 전부 기록하고, 해당 내용이 전 세계에 흩어져 있는 컴퓨터에 실시간으로 복제되며, 데이터와 다른 내용은 다수결에 따라 해결하는 알고리즘(순서)으로 동작한다. 거래 이력은 인터넷상에서 누구나 손쉽게 확인할 수 있으므로, 따로 신용할 필요가 없다. 누가 봐도 틀림없다는 사실을 확인할 수 있기 때문이다.

삼각형의 면적은 '밑변×높이÷2'라는 공식을 활용해 구할 수 있는데, 이는 수학적으로 증명된 사실이다. 마찬가지로 블록체인에 기록된 거래 이력은 믿음의 영역이 아니라 이미 증명된 데이터다.

똑같은 거래 이력이지만 은행 장부에 기록된 데이터는 증명되어 있지 않다. 만일 은행 내부 누군가가 부정행위를 해 데이터를 바꿔치기해도 고객은 통보받기 전까지 해당 사실을 알 수 없다. 부정행위가 아닌 시스템 이상으로 데이터가 바뀌어도 고객은 어떤 부분이 어떻게 잘못되었는지 확인할 길이 없다. 결국 은행은 고객이 전적으로 믿어야 영업이 가능하며, 신뢰와 선택의 영역이라 할 수 있다.

비트코인 같은 블록체인의 분산형 장부는 누구나 내용을 확인할 수 있다. 게다가 같은 내용이 전 세계 컴퓨터에 복제되므로, 여러 장부를 확인하면 특정 거래 기록에 오류가 없는지 정확하게 밝힐 수 있다. 블록체인을 만들어내는 프로그램도 '오픈소스open source'라고 하여, 누구나 프로그램의 소스코드source code(프로그램의 내용을 담은 텍스트 파일—옮긴이)를 확인할 수 있다. 수많은 프로그래머가 잘못된 부분이 있는지 확인하기 때문에 오류도 점점 줄어들고 있다.

이처럼 블록체인의 분산형 장부는 신뢰 여부를 떠나 정보를 누구에게나 공개하고 확인할 수 있게 하여 데이터가 올바르다는 사실을 증명했다. 그러므로 단순히 컴퓨터 세계 속의 이야기로 끝나지 않고, 정치나 철학 같은 분야에도 영향을 미치고 있는 것이다.

◦ 블록체인에서 NFT가 작용하는 방법 ◦

그럼 블록체인에서 NFT가 어떻게 작용하는지 생각해보자. NFT는 'Non-Fungible Token'의 머리글자로, 흔히 '대체 불가능 토큰'이라 부른다. 반면 'Fungible Token'은 '대체 가능 토큰'이라 한다. 대체성이란 동일한 가치로 교환이 가능하다는 뜻으로, 예를 들면 누군가가 가진 500원짜리 동전과 내가 가진 500원짜리 동전은 가치가 같으므로 교환할 수 있으며, 대체성이 있다고 표현한다. 가치가 같다면 교환할 수 있으므로 500원짜리 동전 2개와 1,000원짜리 지폐 한 장을 교환할 수 있다. 그렇다면 올림픽 기념주화로 나온 500원짜리 동전과 일반적인 500원짜리 동전을 교환할 수 있을까? '그렇다'라고 대답하는 사람은 없을 것이다. 이를 '비대체성', 즉 'Non-Fungible'이라 한다.

좀 더 이해하기 쉽게 야구공으로 설명하도록 하겠다. 야구공은 전 세계에 수없이 많고, 프로야구 시합 중에도 여러 개를 사용한다. 그러나 이도류로 유명한 오타니 쇼헤이(미국 메이저리그에 소속된 일본인 야구 선수로, 투수와 타자를 겸해 '이도류'라는 별명이 붙여졌다.―옮긴이)가 홈런을 친 순간, 그 야구공은 엄청난 가치를 지니게 된다. 아무리 낡았어도 대체할 수 없는 공이 되어 새 야구공과도 교환할 수 없다. 그야말로 '비대체성' 그 자체다.

NFT의 'T', '토큰'은 무엇일까? 토큰은 번역하기 까다로운 단어인데, 문맥에 따라 의미가 조금씩 달라진다. NFT나 가상통화에서 토큰이란, '법정통화(국가가 정한 통화)를 대체하는 통화'를 뜻한다. 예를 들어 미국의 대도시 뉴욕을 달리는 지하철은 요금 체계가 균일하기 때문에 토큰이라 불리는 통화를 구매해 이용할 수 있다. 이는 티켓이나 회수권 같은 개념이다. 이처럼 화폐를 대신해 사용하는 재화를 토큰이라 부른다. 넓은 의미로는 전자화폐나 지역 상품권처럼 현금 대신 쓸 수 있는 재화를 토큰이라 표현하기도 한다. 마찬가지로 블록체인에서 이용할 수 있는 가상통화도 토큰이라 부른다. 사용처에 따라 조금씩 표현 대상도 달라지지만, NFT 토큰은 가상통화의 일종이라고 생각하면 된다.

다시 돌아가 NFT는 '비대체성 토큰'이므로 가상통화로 만든 일종의 기념주화라고 생각하면 된다. 기념주화이기 때문에 다른 주화와 똑같은 가치로 교환할 수 없다. 그리고 기념주화에 적힌 금액대로 거래하는 것이 아니라, 해당 기념주화를 가지고 싶어 하는 사람들이 적혀 있는 금액보다 더 많은 돈을 내서라도 구매하게 된다. 지금까지는 비트코인이나 이더리움 같은 가상통화도 개당 얼마만큼의 실제 통화로 교환되는지 환율에 따라 가치를 표현했다.

NFT는 똑같은 가상통화지만 일종의 기념주화이므로, 특정 기념주화를 가지고 싶어 하는 사람들이 고가에 거래하기도 한다. 다만, 같은 1만 원짜리 기념주화라도 특정 기념주화는 10만 원에 거래되기도 하지만, 또 다른 기념주화는 별로 인기가 없어 5,000원에 거래되기도 한다. NFT는 각기 다른 가치를 지닌다는 점을 기억할 필요가 있다.

또한 올림픽 기념주화는 한정 수량만 발행하기에 희소성이 있는 것처럼 NFT 역시 단 하나밖에 없다는 점이 중요하다. 나중에 자세히 설명하겠지만 NFT에서 '희소성'이라는 가치는 매우 중요하면서도 획기적인 개념이다.

∘ 대표적인 블록체인, 이더리움 ∘

NFT는 블록체인으로 만들 수 있지만, 아무 블록체인이나 가능한 것은 아니다. NFT를 발행하기 위해서는 블록체인이 '스마트 계약smart contract(블록체인 2.0)'에 대응해야 한다. 여기서 스마트란, 스마트폰이나 스마트워치처럼 전자화되어 고도의 기능을 지넌다는 뜻이다. 즉 스마트 계약이란, 전자화되어 고도의 기능을 갖춘 계약이라는 뜻으로, 계약 내용을 프로그램으로 만들어 블록체인상에 넣을 수 있다. 가상통화로 대금을 지급하면 미리 설정된 프로그램 내용에 따라 계약 내용이 처리된다.

예를 들어, 작품이 재판매될 때마다 원작자에게 거래 금액의 10%가 자동으로 입금되도록 설정할 수 있다. 지금까지는 작품이 가장 처음에 판매되었을 때 발생한 매출만 원작자의 수익으로 돌아갔다. 그 후 작품의 인기가 상승해 높은 가격에 거래되어도 원작자에게는 단돈 10원도 돌아가지 않았다. 하지만 NFT가 등장하면서 작품이 재판매될 때마다 원작자에게 일정 부분 수익이 돌아간다면, 꾸준히 사랑받는 작품을 만들고자 노력하지 않을까? 작품을 구매하는 사람 역시 2차 구매를 통해 아티스트를 응원할 수 있으니 뿌듯함을 느낄 수 있다. 이러한 구조 자체가 매우 큰 변화다.

아쉽게도 비트코인 기반의 블록체인에는 스마트 계약 기능이 없다. NFT에는 주로 이더리움을 기반으로 하는 블록체인, 또는 거기서 파생한 가상통화 블록체인을 사용한다. NFT의 인기가 높아지면서 수많은 디지털 작품이 이더리움 기반 블록체인을 이용하다 보니 이더리움의 가치도 상승하고 있다. 그 결과, 일명 '가스 요금'이라 불리는 이더리움의 거래 수수료도 높아져 한때는 수수료만 수십만 원에 이르기도 했다.

이렇게까지 수수료가 높아지면 작품을 가볍게 출품하기가 어려워진다. 그렇다고 무명 아티스트가 비싼 가격을 제시하며 작품을 출품한다 한들 팔릴 리가 없다. 이더리움 개발에 연관된 사람들은 이대로는 이더리움이 가상통화 역할을 하지 못할 수도 있다고 생각했다. 그래서 2018년 8월부터 프로그램을 대폭 변경해 수수료를 낮추려는 시도가 시작되었다. 어떤 결과가 나올지 주목할 필요가 있다.

한편에서는 이더리움의 수수료를 피하고자 NFT에 더욱 적합한 블록체인을 기반으로 하는 가상통화가 차례로 등장했다. 이들을 'NFT 관련 가상통화 종목'이라 부르는데, 대표적으로 '엔진코인Enjin Coin', '칠리즈Chili', '폴리곤Polygon', '플로우Flow' 등이 있다. 모두 수수료가 적게 들면서도 처리 속도가 빨라 NFT 거래 기능을 강화한 블록체인이며, NFT용 가상통화의 인기 역시 상승하는 추세다.

◦ NFT가 제시하는 방향 ◦

이제 NFT가 가상통화의 기념주화 같은 특별한 존재라는 사실을 이해했을 것이다. NFT는 '디지털 아트의 원본 데이터가 어디 있는가'를 나타낸다는 점에서 각기 고유하게 다르다는 특징이 있는데, 이러한 정보는 다른 토큰에는 없으므로 대체할 수 없다.

그렇다면 NFT에는 어떤 정보가 기록되어 있을까? 우선 이해하기 쉽게 올림픽 기념주화를 예로 들어보겠다. '2020 도쿄 올림픽'이라고 적혀 있다면 2021년에 개최된 도쿄 올림픽을 기념하는 주화라는 사실을 알 수 있다. 그해 개최된 올림픽에 대해 알고 싶다면 인터넷 공식 사이트에 접속해 언제 어떤 경기가 개최되었는지, 어떤 선수가 금메달을 획득했는지 등을 확인할 수 있다.

이와 마찬가지로 NFT도 토큰 내부에 예술 작품의 정보 및 데이터가 어디에 있는지(간단히 말하면 URL 같은 주소) 기재되어 있다. 해당 장소(웹사이트)에 가면 작품(원본 데이터)은 물론, 작품의 제목과 제작자, 설명 등을 확인할 수 있다. 기념주화에 QR 코드가 인쇄되어 있어 스마트폰으로 확인하면 자세한 내용이 적혀 있는 사이트로 연결되는 것과 마찬가지다.

NFT는 블록체인 기술을 기반으로 만들어졌으므로 모든 거래 이력이 블록체인상에 기록된다. 특정 NFT가 누구 손에 넘어갔는지, 거래할 때 얼마를 냈는지 전부 기록되며, 누구나 쉽게 기록을 확인할 수 있다. 이는 특정 기념주화를 누가 가졌는지, 얼마에 구매했는지 기록이 남아 있는 것과 유사한데, 이 때문에 디지털 작품이라도 원본을 거래할 수 있으며 현재 소유권을 증명할 수 있다. 앞서 말했듯 디지털 데이터는 무한히 복제할 수 있어 원본과 사본을 구분할 수 없다. 하지만 NFT 덕분에 원본이 있는 장소는 물론, 소유자를 증명할 수 있게 되었다.

이렇게 패러다임이 바뀌면 그 자체만으로도 세상에 막대한 영향을 미치며, 커다란 변혁을 일으킨다는 사실을 기억해야 한다. 이 점을 인지하느냐에 따라 앞으로 사람들의 생활양식이나 가치관이 크게 바뀔 수 있다고 해도 과언이 아닐 정도로 큰 변화가 기다리고 있다.

◦ 한정 수량만 판매할 수 있는 NFT ◦

실제 예술 작품 거래에서도 흔히 볼 수 있는 한정 판매와 마찬가지로, 똑같은 디지털 아트라도 각기 다른 시리얼 넘버를 넣어 판매할 수 있다. 실제 조각이나 그림은 딱 한 점씩 만들 수 있다. 아티스트가 아무리 같은 그림을 그렸다고 해도 100% 똑같을 수 없으므로 각기 다른 작품으로 분류한다. 같은 틀을 놓고 찍은 판화라도 그림이 놓인 위치나 종이를 누르는 힘이 조금씩 달라지기도 하고, 여러 색을 겹쳐 찍어내다 보면 미세한 차이가 생겨 구별이 가능하다. 개중에는 일부러 어긋나게 판을 찍어 작품마다 조금씩 차이를 만드는 아티스트도 있다.

하지만 점차 기술이 발달하면서 기계화가 진행되고, 원판

소재 역시 쉽게 변하지 않는 돌이나 금속을 사용하게 되면서 수십, 수백 장을 찍어내도 원판이 그대로일 때가 있다. 그렇게 되면 육안으로는 처음에 찍어낸 것과 나중에 찍어낸 것을 구별할 수 없고, 마치 인쇄물처럼 대량으로 생산할 수도 있다. 인쇄 기술이 발전한 덕분에 포스터나 화보집, 사진집처럼 수십만 장을 인쇄해도 인쇄본이 서로 전혀 다르지 않은 것과 같다.

처음에는 희소성 때문에 고가에 거래되던 것도 디지털 데이터처럼 복제가 거듭되면 점차 가치가 떨어지기도 한다. 그래서 고안한 아이디어가 에디션 넘버에 따라 전체 발행 부수를 관리하는 방식이다. 판화 작품의 경우 그림 밑단에 '23/100'처럼 특정 숫자를 표시해 전체 100장 중 몇 번째인지 나타내기도 한다. 또는 한정 수량만 찍어낸 뒤 원판에 비스듬한 선을 그리거나 원판 자체를 부수는 등 원판을 폐기해 더는 찍어내지 않는 식으로 희소성을 유지한다.

NFT도 마찬가지로 한정 수량만 판매할 수 있다. 만일 작품 10점을 한정 수량으로 판매하려면, 디지털 아트를 복제해 데이터 10점을 준비한다. 이렇게 준비한 디지털 아트 10점을 각기 다른 개별 NFT와 조합해 10개의 NFT를 만든다. 마치 기념주화를 10개 만드는 것과 같다. 그리고 각각 작품 설명에 '1/10'처럼 에디션 넘버를 넣어두면 전체 중 몇 번째 작품인지 구별할 수 있고, 블록체인을 통해 해당 작품이 10개 한정이라는 사실을 누구나 확인할 수 있다.

혹은 '원본 한 점과 공식 레플리카 9점'처럼 여러 가지 아이디어로 판매를 하면 원본의 희소성이 상승해 고가에 거래될 수도 있다. 물론 이렇게 해도 디지털 데이터이므로 원본과 레플리카를 구별하는 것은 불가능하다. 데이터는 똑같지만, 원작 아티스트가 특정 데이터를 원본으로 인정했다는 점이 중요하다. 이렇게 아티스트가 인정했다는 사실 자체가 NFT로 증명되어 희소성을 평가받을 수 있다.

◦ 믿음의 영역이 아닌 증명의 영역 ◦

NFT가 디지털 아트의 원본을 증명하며 한정된 작품을 표시할 수 있다는 사실을 이해했을 것이다. NFT는 블록체인에 내용이 기록되며, 그 내용은 변조가 매우 어려워 누군가가 마음대로 기재된 내용을 변경할 수 없다. 원작을 제작한 아티스트가 인정한 사실이 기록되어 있고 누구나 확인할 수 있는 만큼, 믿음의 영역이 아닌 증명의 영역이라 할 수도 있다.

이는 실제 예술 작품에서는 좀처럼 일어나기 어려운 일이다. 아티스트가 살아 있는 동안에는 본인이 직접 작품을 확인해 자기 작품인지 판단할 수 있다. 하지만 작품 수가 너무 많거나 아티스트가 나이가 들면 본인 작품이라도 감정이 어려워질 수도 있다. 아티스트가 사망한 이후에는 진품 여부를 판단하는 것이 더더욱 어렵다. 무명 시절 작품이거나 유명해진 후에 제작했더라도 미발표 작품이라면 본인이 만든 것인지, 제자가 모사한 것인지, 위작인지 아무리 경험이 풍부한 감정사라도 판단을 내리기가 쉽지 않다.

블록체인에 기록된 NFT는 수백 년이 지나도 사라지지 않는다. 누구 작품인지부터 거래된 이력까지 전부 남는다. 작품이 언제 만들어졌는지, 누가 만들었는지, 어떤 이들의 손을 거쳐 지금에 이르렀는지 쉽게 확인할 수 있어 별도로 감정할 필요조차 없다.

게다가 아티스트가 NFT에 처음으로 기록하면서 직접 해당 작품이 원본이라는 사실을 인정함으로써, 아티스트와 소유자 간의 관계성을 담아낸다고 볼 수도 있다. 아티스트의 진정한 팬이라면 해당 작품의 모든 것이 블록체인에 기록되어, 어떤 과정을 거쳐 현재에 이르렀는지 확인하는 것만으로도 감동스럽게 느껴질 것이다.

정리

- NFT는 2017년부터 시작된 새로운 기술이다. 쌀 한 톨 크기의 이미지를 배포하는 실험적인 프로젝트 '크립토펑크'와 고양이 캐릭터를 교배해 새로운 무늬의 고양이를 만드는 게임인 '크립토키티'에서 시작되었다.
- 디지털 아트는 간단하게 복제할 수 있어 가치가 떨어지지만, NFT 덕분에 원본 디지털 작품을 증명할 수 있다.
- NFT는 블록체인 기술을 기반으로 실현되었다.
- 블록체인은 디지털 장부와도 같다. 전 세계 컴퓨터에 분산되어 기록되므로 변조가 어렵다.
- NFT는 아티스트가 누구인지, 원본이 어디에 있는지, 누가 소유하고 있는지 블록체인에 기록하며, 누구나 쉽게 해당 기록을 확인할 수 있다.
- NFT 작품이 재판매될 때마다 원작자에게 매출의 일부가 돌아가도록 처리할 수 있다.
- NFT를 통해 아티스트가 인정한 원본 작품이라는 사실을 수백 년이 지나도 확인할 수 있으며, 어떤 사람들의 손을 거쳐 오늘날에 이르렀는지 모든 것이 블록체인에 저장된다. 지금까지 실제 예술 작품에서는 확인할 수 없던 정보다.

> 칼럼 1 도편수와 NFT 아트의 공통점

도편수는 궁궐이나 절을 건축하거나 보수를 담당하는 목수를 일컫는다. 그들은 못 같은 금속을 전혀 사용하지 않고 퍼즐처럼 나무를 짜 맞추며 건물을 짓는다. 이러한 기술은 도제 제도를 통해 계승되는데, 단순히 기술뿐 아니라 신도(일본 고유의 민족 신앙. 만물에 신이 깃들어 있다고 믿는다.—옮긴이)나 불교, 문화재 지식 등 폭넓은 견문과 고도의 기능이 요구된다. 하지만 시대가 변하면서 도편수도 점차 줄어들고 있다. 지금은 회사 형태로 연수를 진행하며 특정 회사 사원으로 일하기도 한다. 현재 일본에는 100여 명 남짓한 도편수가 남아 있다고 하는데, 인재를 확보하는 일이 크나큰 과제다.

도편수는 궁궐이나 절은 수십 년, 수백 년 후에도 사용해야 하는 건물이기 때문에 먼 미래를 고려해 설계한다. 예를 들어 목재는 무게 때문에 조금씩 휘어지므로, 그러한 성질을 고려해 전체 길이나 높이를 결정한다. 도편수의 눈에는 100년 후 건물이 어떤 상태일지 보인다고 한다. 이제 막 지어진 건물은 미완성 상태라고 하니 시간 스케일이 참으로 큰 이야기가 아닐 수 없다.

다시 NFT 아트 이야기로 돌아가자. 거래 이력이 블록체인에 기록되므로 수십 년 후, 수백 년 후에도 해당 작품을 누가 만들었는지, 지금까지 어떤 사람들의 손을 거쳤는지 전부 확인할 수 있다. 이는 도편수처럼 100년 후 건물이 어떤 상태일지, 어떤 평가를 받을지, 얼마나 많은 사람이 직접 건물을 볼지 상상하는 것과 같을지도 모른다.

궁궐이나 절에서 그림을 그리는 화가들은 당대뿐 아니라 향후 수십 년, 수백 년에 걸쳐 수많은 사람이 그림을 볼 것이라는 사실을 인식하고 있다. 마찬가지로 앞으로 아티스트들은 NFT를 사용하면서 수십 년 후, 수백 년 후 작품이 어떠한 평가를 받을지, 시대 변화를 어떻게 한발 앞서 읽어낼지 깊이 고민해야 한다. 1970년에 일본 오사카에서 만국박람회가 개최되었다. 그 당시 세워진 오카모토 타로의 '태양의 탑'은 지금까지도 매력이 그대로인데, 앞으로도 많은 사람에게 영감을 줄 것이다. 이러한 예술 작품이 NFT로 매우 오랜 시간 전해진다면 무척 뜻깊지 않을까?

제2장

어떤 것이 팔리고 누가 사는가

◦ NFT로 16억 원의 매출을 달성한 AV 배우 ◦

2021년 5월 6일 22시, AV 배우 하타노 유이의 디지털 사진 판매가 시작되었다. 그리고 7분 만에 준비한 3,000장이 완판되었다. 'AV 배우의 에로틱한 사진이 순식간에 판매되다니! 역시 성욕은 강력해'라고 생각한 사람이 있을 것이다. 하지만 잘 생각해보자. 장당 평균 55만 원이나 하는 디지털 사진을 무려 3,000명이 구매했다. 그것도 7분 만에 말이다. 쉽게 믿기 힘들 정도다.

이 소식이 퍼지자 "화제를 만들어내기 위해 가짜로 구매한 사람들도 있지 않을까?", "뭔가 수상한 조직이 얽혀 있는 건 아닐까?" 등 온갖 억측이 오갔다. 하지만 자세하게 판매 방식을 알아보니 그야말로 뛰어난 아이디어였음은 물론, 그녀의 팬층과 NFT가 잘 맞아떨어졌다는 사실을 알 수 있었다.

판매된 디지털 사진은 6개 등급으로 구분되는데, 구매한 NFT를 개봉하기 전까지는 어떤 사진이 들어 있는지 알 수 없다. 실물 봉투에 들어 있는 야구 선수나 축구 선수 카드와 똑같은 판매 방식이다. 그중에서도 가장 희귀한 10장에는 친필 사인이 되어 있다. 6개 등급 중 팔리지 않은 NFT는 소각(NFT를 제거하는 것)하므로, 두 번 다시 손에 넣을 수 없다. 팬 입장에서는 나중에 사려고 해도 살 수 없으므로 돈이 되는 대로 우선 몇 장이라도 사고 싶은 마음이 들 것이다. 일반적으로 NFT는 재판매할 수 있지만, 이번에 판매한 NFT는 4일 이내에 개봉하지 않으면 가치가 사라지도록 만들어 재판매를 할 수 없었다. 이 점도 판매에 중요하게 작용했다.

하타노 유이는 일본뿐 아니라 해외(특히 아시아)에서도 인기가 많은데, 대만에서는 대중교통 카드 모델로 발탁되었을 정도다. 대만에서도 몇 시간 만에 NFT 디지털 사진이 완판되었다.[8] 여담이지만 그녀가 대만에서 유명한 이유는 대만의 유명 여배우 린즈링林志玲과 닮아 화제가 되었기 때문이다. 게다가 그녀는 애니메이션 '비디오 캐시Animation Video Cash'라는 중국 시장용 가상통화 모델도 맡았다. (이 프로젝트는 현재 중지 상태다.) 이는 가상통화에 흥미가 있는 사람들이 하타노 유이를 잘 알고 있는 만큼 NFT와도 잘 어울리는 조합이었다는 것을 뜻한다. 그로 인해 NFT로 디지털 사진을 판매할 때 일본어는 물론 영어, 중국어로 안내를 하는 등 일본뿐 아니라 해외 팬도 공략했다. 그 결과, 일본보다도 중국과 대만 지역, 특히 가상통화에 익숙한 팬들이 대거 NFT 디지털 사진을 구매했다.[9]

이렇게 뉴스의 이면까지 살펴보면 단순히 AV 배우의 디지털 사진이기에 잘 팔린 것이 아니라, 매우 꼼꼼하게 준비한 마케팅 덕분이었다는 사실을 알 수 있다. 디지털 사진이 고가에 판매되었다는 점만 주목하면 이러한 사실을 깨닫지 못할 것이다. 그 어떤 것이든 일어난 과정을 자세하게 살펴볼 필요가 있다.

◦ 뱅크시의 그림을 불태운 NFT ◦

주로 사회를 풍자하는 그림을 그려 세계적으로 유명해진 영국의 '얼굴 없는 화가' 뱅크시Banksy에 대한 뉴스를 접한 사람이 많을 것이다. 어느 날, 그의 작품 〈멍청이Morons〉를 스캔해 디지털로 만든 NFT가 경매에 출품되었다. 자신을 번트 뱅크시Burnt Banksy라고 밝힌 출품자는 그림을 디지털로 만든 뒤 실제 작품에 불을 붙여 소각시켰다. 이 모습은 유튜브에 동영상으로 업로드되었다.[10]

뱅크시의 〈멍청이〉는 1987년 일본의 보험회사 야스다화재해상(현 손해보험재팬)이 빈센트 반 고흐Vincent van Gogh의 작품 〈해바라기〉를 약 500억 원에 낙찰한 사실을 비웃는 내용을 담고 있다. 그림에는 경매장의 풍경이 담겨 있는데, 경매에 참여한 사람들 눈에 비친 액자에는 이렇게 적혀 있다.

'I Can't Believe You Morons Actually Buy This Shit.'

'머저리들이 돈을 주고 이런 똥 같은 작품을 사다니, 믿을 수가 없다'라는 뜻이다. 아무튼 그의 작품은 2006년에 100장이 판매되었으며, 이번에 소각된 작품도 뱅크시의 작품을 관리하는 기관이 인증한 원본 중 하나였다.

이를 두고 아트의 가치는 어디에 있는지, 디지털화된 NFT 작품도 아트로 볼 수 있는지, 실제 작품이 사라지고 디지털화된 데이터를 진짜라고 할 수 있는지, 애초에 실제 예술 작품을 소각해도 되는지, 단순한 이름 팔기 행위는 아닌지 등 온갖 의견이 오갔다.

번트 뱅크시의 NFT 작품은 원작의 가치인 4,000만 원보다 10배가 훌쩍 넘는 4억 4,000만 원에 최종 낙찰되었다. 물리적인 작품이 사라졌지만 디지털 작품으로서도 충분히 가치 있다는 점, NFT이기 때문에 원본이 인정받는다는 점, 앞으로도 가치가 오를 것이라는 점을 증명한 셈이다. 물론 그렇다고 해서 디지털로 만들면 무조건 작품을 소각해도 된다는 뜻은 아니다.

이 사건 이후 비슷한 시도를 하는 사람들이 나타났는데, 결과적으로는 여러 가지 물의를 일으켰다. 동일하게 뱅크시의 작품을 디지털로 만들었지만, NFT 마켓플레이스 '밸류아트Valueart'가 뱅크시의 〈SPIKE〉를 3D로 스캔한 작품을 출품한 사례는 법적으로 문제가 있다는 지적이 제기되었다.

〈SPIKE〉는 이스라엘이 테러리스트의 침투를 막기 위해 쌓아 올린 분리벽 일부를 뱅크시가 가져가 'SPIKE'라고 써넣은 작품이다. 밸류아트는 이 작품을 3D로 스캔해 NFT로 만들었다. 하지만 원작자인 뱅크시의 허가를 받지 않고 판매했다는 사실이 알려지면서 논란이 되었다.[11] 이미 뱅크시의 작품을 소유한 상황에서 소유권자가 자신이 가진 작품을 디지털화해 판매할 권리가 있는지 논의가 이어졌다. NFT 덕분에 원본이라는 희소가치가 생겨나 작품이 고가에 거래되면서 법적으로도 새로운 문제가 나타나기 시작한 것이다.

일본에서도 NFT 아트단체인 '크립토아트 재팬'이 그림 100점을 디지털 스캔한 뒤 모두 불태워 파기하는 '불타는 아트 전시회(2021년 5월 15일, 일본 도치기현 이와후네산에서 폭파)'를 개최했다.[12] 디지털 스캔한 작품은 NFT로 만들어 마켓플레이스 '오픈시'를 통해 6월 13일부터 약 한 달 동안 판매했다. 전시회의 취지에 찬성한 아티스트들이 '불타는 아트 전시회'에 작품을 출품했는데, 아티스트에게 사전에 허가를 받은 뒤 진행했기에 법적으로는 문제가 없었다. 운영사는 '우리는 실물 작품을 폭파하는 이벤트를 통해 디지털 아트와 예술의 새로운 방향성을 생각해보는 계기를 제공하고자 합니다'[13]라고 밝히며 앞으로 디지털 아트가 나아갈 길을 제시했다.

이와 같은 새로운 시도는 찬반 여론이 일어나기는 하지만 아트의 새로운 방향성, 아트의 가치, 디지털화가 진행되는 세상에서 아트의 위치 등 여러 가지 방향을 제시하므로 관심 있는 사람들 사이에서는 고가에 거래될 것으로 보인다.

◦ 1억 3,000만 원에 판매된 VR 작품 ◦

2차원 이미지만 NFT로 판매되는 것이 아니다. VR Virtual Reality 작품도 NFT로 거래된다. VR이란 컴퓨터 이미지로 만들어낸 가상현실이라는 뜻으로, '헤드 마운트 디스플레이'라는 고글처럼 생긴 장비를 머리에 쓰면 눈앞에 CG로 만든 가상현실이 나타난다. 영화나 TV를 보는 것과 달리 오른쪽으로 향하면 가상현실 세계의 오른쪽 풍경이 나타나고, 왼쪽으로 향하면 왼쪽 풍경이 나타난다. 앞으로 나아갈 수도 있고, 뒤를 돌아볼 수도 있고, 자유롭게 가상현실 내부를 돌아다닐 수도 있다. 마치 컴퓨터 게임 속 세계에 들어온 듯한 느낌이 드는데, 그로 인해 아티스트가 만들어낸 세계에 온전히 몰입할 수 있다.

일본 NFT 작가 세키구치 아이미는 자신이 제작한 VR 작품 〈Alternate dimension〉을 NFT로 만들어 출품했는데, 1억 3,000만 원에 낙찰되었다.[14] 세키구치 아이미는 매우 독특한 이력의 소유자로, 아이돌 그룹을 시작으로 힙합 댄서, 가수를 거쳐 VR 아티스트가 되었다. 어떤 일이 적성에 맞을지 몰라 우선 다양한 경험을 해본 뒤 결국 VR 아티스트로 성공했다고 한다. 일본에서는 아직 많이 알려지지 않았지만, 미국 실리콘밸리, 태국 방콕, 말레이시아 쿠알라룸프르, 러시아 카잔 등 해외에서 열린 다양한 이벤트에서 VR 작품을 실시간으로 제작하는 라이브 퍼포먼스를 하기도 했다.

그녀는 라이브 퍼포먼스로 수입을 얻기는 했지만, 다른 디지털 아트와 마찬가지로 쉽게 복제할 수 있다 보니 제작한 작품을 어떻게 해야 할지 고민이 많았다고 한다. 그러던 와중에 NFT를 통해 원본임을 증명할 수 있게 되어 1억 3,000만 원이라는 엄청난 가격에 작품을 판매할 수 있었다.

이는 NFT로 만들면 모든 작품이 잘 팔린다는 단순한 이야기가 아니다. 그녀가 지금까지 여러 나라를 다니며 라이브 퍼포먼스를 꾸준히 해온 덕분에 이룬 업적이며, 수많은 팬을 매료시키는 아티스트이기에 작품이 고가에 팔린 것이다.

∘ 30억 원에 팔린 트위터의 최초 트윗 ∘

140글자 제한 정책으로 유명해져 지금은 전 세계인들이 사용하는 SNS 트위터Twitter를 모르는 사람은 없을 것이다. 트위터 서비스가 시작되었을 당시 트위터의 공동 창업자 잭 도시Jack Dorsey가 처음으로 올린 트윗은 NFT로 만들어져 약 30억 원에 낙찰되었다. 'just setting up my twttr'라고 적은 문자열은 지금도 온라인에서 누구나 볼 수 있다.[15] 겨우 다섯 단어가 무려 30억 원의 가치를 인정받은 셈이다. 이 소식이 전해졌을 때 사람들은 어떻게 이런 일이 가능한 건지 전혀 이해하지 못했다.

NFT는 원본이라는 사실을 증명하지만, NFT를 통해 어떤 것을 거래하는지 다시 한 번 정리할 필요가 있다. 물론 원본 데이터의 소유권이라는 점은 분명하지만, 조금 더 자세하게 살펴보자. 이번에 출품된 트윗은 누구나 스마트폰으로 볼 수 있는 글과 다르다. NFT를 통해 잭 도시 스스로가 세계에서 유일한 원본 데이터라고 인정했다. 바로 여기에 큰 가치가 있다. 먼 미래에 디지털 역사박물관이 설립된다면 '짧은 문장으로 커뮤니케이션하는 SNS는 트위터에서 처음 시작되었다'라는 설명 위에 잭 도시의 트윗이 전시될 가능성도 있다. 인터넷 역사에서 무척 중요한 자료이자 아이콘이며, 기념비적인 데이터라는 뜻이다. 이를 소유한다는 것은 역사상 귀중한 사료를 보유하는 것과 마찬가지다. '인터넷 역사에서의 로제타스톤Rosetta Stone 같은 존재'라고 말하는 사람들도 있을 정도다.

다만, 어디까지나 인터넷의 역사에 큰 의미를 부여하는 사람들이 인정하는 가치라는 사실 역시 부정할 수 없으니, 조금 다른 각도에서 낙찰 금액을 생각해보자. 잭 도시의 트윗은 기부 경매 형식으로 출품되었기 때문에 일정 부분 사회에 이바지한다는 의미가 있었다. 또한 경매에 입찰한 사람들도 IT업체 대표나 스타트업 경영진처럼 이미 잘 알려진 유명인사가 많았는데, NFT라는 새로운 시도를 축하하는 분위기가 강했다. 무엇보다 NFT 거래가 가상통화를 기반으로 이루어진다는 점을 생각해보면, 억 단위의 가상통화가 있는 사람만 참여할 수 있었다. 가상통화나 NFT, 새로운 IT 기술에 관심이 많은 이들이 모였기에 분위기가 한층 달아올랐을 것으로 예측할 수 있다.

◦ 오픈시에서 팔린 NFT 아이템 ◦

지금까지 디지털 아트 NFT에 대해 살펴보았다. NFT는 아트 이외에도 다양한 분야에 응용할 수 있다. 세계적으로 유명한 마켓플레이스 '오픈시'는 NFT 아이템을 8개의 카테고리로 분류한다. 카테고리별로 어떤 아이템이 있는지 살펴보자.

▶ NFT 마켓플레이스 '오픈시'의 카테고리

- Art: 그림, 사진, 동영상 등 예술 작품. NFT라고 하면 예술 작품을 떠올릴 정도로 인지도가 높으며, 출품 작품 수도 가장 많다.
- Music: 음악 관련 NFT 아이템. 음악은 한 번 듣고 나면 만족하는 사용자가 많으므로 뮤지션과 팬이 이어지는 실험적인 시도가 많다.
- Domain Names: 이더리움으로 이용할 수 있는 도메인 네임. 입금 주소로 사용할 수 있다. 인터넷에서 사용되는 일반적인 도메인과는 다르다는 점을 유의해야 한다.
- Virtual Worlds: 가상 세계에서의 아이템. 가상 세계는 게임 속 세계처럼 컴퓨터로 만들어진 세계를 일컫는다. 일명 '메타버스Metaverse'라고도 한다. 가상 세계 속 아이템이나 토지

등 다양한 디지털 아이템이 NFT로 거래된다.
- Trading Cards: 디지털 트레이딩 카드. 스포츠 선수가 플레이하는 동영상이나 카드 게임의 대전 카드 등을 거래할 수 있다.
- Collectibles: 컬렉션 아이템, 디지털 수집품. 가장 오래된 NFT 프로젝트라 불리는 '크립토펑크'와 NFT를 널리 알린 '크립토키티' 아이템 등 여러 종류의 디지털 골동품이 여기에 속한다.
- Sports: 스포츠 선수의 사진이나 팀 아이템 등 스포츠에 관련된 디지털 아이템
- Utility: 블록체인을 이용한 애플리케이션이나 툴

오픈시의 실제 화면을 보면 알 수 있듯 카테고리가 자세하게 나뉘어 있지도 않고, 운영진이 확인하지도 않는다. 그저 출품자가 선택한 카테고리에 따라 분류될 뿐이다. 그래서 분류가 상당히 애매하고, 카테고리와 아이템이 일치하지 않기도 한다.

◦ 게임 아이템으로 돈 버는 방법 ◦

온라인 게임이 인기를 끌면서 게임회사들은 희귀 아이템이나 레

벨업 아이템을 판매하고 있다. 처음에는 무료로 플레이할 수 있지만 일정 레벨 이상이 되면 대부분 유료로 판매하는 아이템을 구매해야 다음 단계로 나아갈 수 있다. 게임회사의 매출은 이렇게 유료 아이템 판매로 발생한다. 그러나 플레이어끼리 아이템이나 레벨업한 캐릭터 계정을 게임회사 몰래 거래하기도 한다.

이렇게 되면 게임회사의 매출이 떨어질 뿐만 아니라, 다른 플레이어와의 전투를 자동으로 돌리는 프로그램을 만들어 캐릭터를 양산하거나 해킹으로 다른 사람의 계정을 훔쳐 팔아넘기는 불법 행위까지 일어난다. 게임 세계에서는 이러한 불법 행위를 '치트'라고 하는데, 구매자는 판매자의 아이템이 치트 행위로 얻은 것인지 구별할 수 없다.

게다가 게임에서뿐 아니라 현실 세계에서도 계정을 훔치려고 폭력을 쓰는 사건이 종종 발생한다. 이 때문에 사건과 직접적인 관련이 없는 게임이나 회사의 이미지가 땅에 떨어지기도 한다. 이러한 문제를 해결하기 위해 블록체인을 응용해 게임 아이템을 관리하려는 시도가 시작되었다.

이를 '블록체인 게임'이라고 하는데, 아이템을 NFT로 만들어 게임 플레이어끼리 거래할 수 있게 만들었다. 상대방의 아이템이 진짜인지, 어떤 경위로 손에 들어왔는지 정보를 확인할 수 있어 안심하고 거래할 수 있다. 한편 게임을 하면서 돈을 벌 수 있다는 이야기가 널리 알려져 게임의 인기가 올라가면 더욱 많은 사람이 참여해 아이템을 얻으려 하기 때문에 게임회사는 높은 매출을 달성할 수 있다.

게임을 해본 경험이 없다면 어떻게 아이템을 거래하는지 이해가 되지 않을 수도 있다. 카드게임을 떠올려보면 쉽게 이해할 수 있다. 디지털 카드에 용사나 마법사, 괴수 등 각각의 캐릭터가 적혀 있고, 캐릭터마다 각기 다른 기술을 쓸 수 있다고 생각해보자. 플레이어는 상대보다 더 강한 카드를 가지고 있어야 유리하게 전투를 할 수 있다. 이때, 돈을 지불해서라도 특정 카드를 구하려는 플레이어가 등장하고, 거래가 이루어지기도 한다. 인기 있는 아이템이나 좀처럼 구하기 힘든 희귀 아이템은 경매를 통해 고가에 거래되는데, 이러한 거래 이익을 모아 집을 샀다는 사람까지 있을 정도다. (게임 속 집이 아닌 현실 세계의 집을 말한다!)

게임을 통해 돈을 번다고 하면 많은 사람이 프로게이머가 우승 상금을 받는 모습을 떠올린다. 앞으로는 게임 아이템을 고가에 팔아 돈을 버는 사람이 많아질 것이다. 이미 아이템 거래를 통해 돈을 버는 방법을 가르치는 사람들까지 등장했다.

내친김에 블록체인 게임을 몇 가지 소개하겠다.

- 크립토 스펠Crypto Spells http://cryptospells.jp
  일본의 크립토 주식회사가 2019년 6월에 정식으로 출시한 트레이딩 카드 게임이다. 게임에서 NFT 카드를 얻고 거래할 수 있다. 그중에는 희귀한 카드도 있어 수백만 원을 호가하는 가격에 거래되기도 한다. 게임 대회 우승 상품으로 제공되는 오리지널 카드를 발행할 권리를 손에 넣으면 한 장밖에 없는 나만의 카드를 만들 수도 있다.

- 엑시인피니티Axie Infinity https://axieinfinity.com

베트남의 스카이 마비스Sky Mavis가 운영하는 대전형 게임이다. '엑시'라는 몬스터를 이용해 대전하거나, 자신이 가진 몬스터를 육성해 가상통화를 얻을 수 있다. 이렇게 모은 가상통화, 또는 육성한 몬스터를 거래할 수 있다. 블록체인 게임시장을 전문적으로 리서치하는 '블록체인 게임 인포Blockchain Game Info'에 따르면, 2021년 9월 NFT 게임 중에서 이더리움 거래 규모 랭킹 상위에 이름을 올렸다.

- 마이 크립토 히어로즈My Crypto Heroes https://www.mycryptoheroes.net

여러 명이 함께하는 대전형 게임으로, 일본의 더블점프도쿄double jump.tokyo가 2018년 11월에 서비스를 시작했다. 역사상 실존한 영웅이나 무기를 모으고, 9개 국가 중 한 곳에 소속되어 대전을 벌인다. 게임회사가 판매하는 아이템을 구매하는 것 이외에도 거래소를 통해 다른 플레이어와 거래를 할 수 있는데, '오픈시' 같은 NFT 마켓플레이스에서 판매하면 가상통화 수익을 얻을 수 있다. 또한 영웅 디자인을 변경할 수도 있는데, 오리지널 아이템을 만들어 고가에 판매하기도 한다.

- 소라레Sorare https://sorare.com

프랑스에서 시작된 축구 게임으로, 실제 축구팀에 소속된 선수 카드를 사용해 가상의 팀을 만들어 대전한다. 재미있는 점은 현실 세계의 축구 시합 결과가 게임과 연동된다는 것인데, 결과에 따라 게임 속 팀 포인트도 바뀐다. 선수 카드를 얻으려면 공식 사이트에서 구매하는 방법 이외에도 다른 플레이어에게 직접 구매하거나 NFT 마켓플레이스에서 구매하는 방법이 있다. 게임에 '오퍼' 버튼이 준비되어 있어 원하는 선수 카드를 기다리는 플레이어에게 직접 협상을 제안할 수 있다. 이러한 구조는 아이템 입수 경로가 명확한 NFT이기 때문에 가능하며, 불법 복제된 카드나 사칭 계정은 거래가 불가능하다.

◦ NFT에 눈을 뜬 스포츠업계 ◦

코로나19 여파로 전 세계에서 스포츠 경기가 무관중으로 진행되거나, 입장을 허하더라도 관중 수를 제한하고 있다. 때로는 시합 자체를 치르지 못하기도 한다. 프로 스포츠는 관중이 많이 입장할수록 수익이 발생하므로, 관중이 줄면 그만큼 매출이 감소한다. 게다가 선수들의 굿즈 판매에도 악영향을 미쳐 스폰서를 구하기가 힘들어진다.

이런 상황에서 선수의 파인 플레이fine play를 수십 초 정도의 짧은 동영상으로 만들어 NFT로 판매하는 아이디어가 대안으로 떠올랐다. 그중 NBANational Basketball Assosiation가 운영하는 'NBA 톱샷Top Shot'[16]이 유명하다. 트레이딩 카드처럼 한정 판매를 하기도 하는데, 그중 일부는 레어 아이템으로 단 몇 점밖에 없다. 카드는 웹사이트에서 판매한다. 영상은 누구나 시청할 수 있지만, 팬들의 심리인 '소유욕'을 자극해 '디지털 컬렉팅'이라는 신조어까지 생겨났다. 물론 이들 컬렉션은 재판매가 가능하고, 인기 있는 선수의 영상은 1,000만 원에 이르기도 한다. 2020년 10월에 모습을 드러낸 NBA 톱샷은 불과 3개월 만에 약 390억 원의 수익을 거두었으며, 최종적으로는 매출 7,600억 원을 돌파했다.

이와 같은 움직임은 축구계에도 영향을 미쳤다. 선수들의 플레이 동영상을 NFT로 만들어 판매하는 것은 물론, 팬 토큰이라는 통화를 만들어 팀을 응원하는 방식도 도입했다. 팬 토큰을 구매하면 보유량에 따라 혜택을 받을 수 있고, 때로는 팀 운영에도 관여할 수 있다. 다만, 팬 토큰은 NFT가 아니라 기존의 가상통화와 비슷하다. 앞으로 NFT와 디지털 아이템을 판매하고 팬 토큰으로 팬들이 팀 운영에도 관여하는 것은 프로 스포츠업계의 트렌드가 될 것으로 보인다.

국제 올림픽 위원회IOC도 NFT 아이템을 판매한다. 공식 라이선스를 획득한 NFT 올림픽 핀 배지[17]가 바로 그것이다. 원래 올림픽 핀 배지는 선수나 심판, 스태프를 한눈에 알아보기 위해 배포하기 시작했는데, 역할에 따라 종류가 다양하다. 그러다 점점 많은 사람이 배지를 수집하거나 교환하면서 올림픽 핀 배지는 일종의 컬렉션으로 정착했다. 이러한 전통을 한 단계 끌어올려 디지털 세계로 확장하려는 시도가 NFT 올림픽 핀 배지로, '엔웨이플레이nWayPlay'라는 게임을 통해 얻을 수 있으며, 게임 아바타에 장착할 수 있다. 올림픽 전통인 핀 배지를 디지털에서 소유할 수 있는 새로운 시도다.

칼럼 2 인공지능은 아티스트가 될 수 있을까

인공지능은 눈부신 속도로 진화하고 있다. 심층 학습, 즉 딥 러닝Deep Learning이라 불리는 방식이 등장하면서 인간이 일일이 가르쳐주지 않아도 컴퓨터가 스스로 학습하며 인공지능의 응용 범위 역시 엄청난 속도로 확대되고 있다.

어떤 인공지능은 14세기에서 20세기 사이에 그려진 초상화를 스스로 학습해 원본 초상화를 그렸다. 이 그림은 크리스티 경매에 출품되어 약 5억 원에 낙찰되었다.[18] 고흐나 모네 같은 화가의 그림을 학습한 인공지능은 사진을 업로드하면 실제 화가가 그린 것 같은 터치로 그림을 바꿔준다.[19] 조금 더 발전된 인공지능은 3D 프린터로 실제 유화 느낌까지 재현하는데, 실제로 렘브란트가 그린 듯한 작품을 만들어내기도 한다. 인공지능 로봇 소피아가 그린 디지털 아트는 NFT 마켓플레이스에 출품되어 약 7억 5,000만 원에 낙찰되기도 했다.[20]

그런데 인공지능이 창작한 그림에도 저작권을 적용할 수 있을까? 이는 상당히 예민한 문제이기 때문에 법조계에서 활발하게 논의가 진행되고 있다. 애초에 저작권이란 '사람이 만들어낸 표현물'에 대한 권리이므로, 프로그램이 스스로 제작해 출력한 그림이나 음악에는 적용될 수 없다. 그러나 인공지능을 도구로 이용해 사람이 어떠한 의도를 가지고 조작했거나 원본이 되는 사진이 있다면 CG로 그린 작품과 다르지 않다고 볼 수 있다.

문제는 인공지능이 수많은 미술 작품을 학습해 자동으로 비슷한 작품을 만들어낸 경우다. 이때 사람은 전원을 켜고 학습을 위한 그림 데이터를 준비할 뿐, 구체적으로 별다른 지시를 하지 않는다. 나머지는 프로그램이 알아서 할 뿐이다. 이렇게 인공지능이 그린 그림이 너무나 훌륭해 많은 사람이 감동해도 컴퓨터는 감동이라는 감정을 이해할 수 없고, 애당초 감동을 주기 위해 그림을 그린 것도 아니다. 창작이라고 말할 수 없는, 컴퓨터의 계산 결과에 불과하다.

현재 법률상으로는 이렇게 제작한 이미지는 저작물이 아니라고 판단하고 저작권을 인정하지 않는다. 그렇다고 컴퓨터가 제작한 작품을 누구나 자유롭게 이용한다면 인공지능을 개발한 연구자나 시스템을 구축한 엔지니어의 노력은 보상받을 수 없다. 정부는 이러한 부분은 문제가 될 소지가 있다고 판단하고, 앞으로 어떤 형태로든 지적재산을 보호할 필요가 있다는 견해를 밝혔다.

아직 결론이 나오지는 않았지만, 앞으로 인공지능이 만들어낸 예술 작품이 장르로 굳어져 지적재산으로 보호된다면, 24시간 365일 쉬지 않고 컴퓨터를 가동해 대량으로 작품을 만들어내는 시대가 올지도 모른다. 컴퓨터는 정해진 면적 안에 형태를 만들고 색을 입히는 작업만 할 뿐이므로, 수없이 패턴을 만든 끝에

▶ '엠페인터(Enpainter)'의 인공지능을 이용해 고흐 풍으로 변화시킨 필자의 사진

새로운 작품을 만들어낼 수 없을지도 모른다. 마치 하이쿠(일본 고유의 정형시로 5, 7, 5의 17음 형식으로 이루어져 있다.—옮긴이)를 쓸 때 사전 데이터를 사용해 생각할 수 있는 모든 패턴을 컴퓨터로 만들어내면 더는 새로운 하이쿠를 만들 수 없는 것과 같다. 컴퓨터가 제작한 저작물을 지적재산으로 보호하면, 이후 사람의 창작 활동 범위는 좁아질 가능성이 매우 크다.

인공지능이 만들어낸 작품을 어떻게 다룰지, 그 권리는 누구에게 귀속될지 등 논의할 것들은 끝도 없이 남아 있다. 과연 미래의 인공지능은 저작권을 인정받을 수 있을까?

◦ NFT로 판매되는 음악, 전자책, 도메인 ◦

많은 사람이 예술 작품만 NFT로 판매된다고 생각하는데, 사실 디지털 데이터라면 무엇이든 NFT로 만들 수 있다. 대표적인 것으로 음악, 전자책, 도메인을 들 수 있다. 다만, 미술품과 달리 음악이나 전자책은 많은 사람이 듣거나 읽을 때 비로소 수익으로 연결되는 사업 모델이다 보니, 예술 작품을 NFT로 만들었을 때 생기는 희소성과는 성격이 다르다.

정기 구독subscription 서비스가 널리 확대되는 상황에서 희소성을 보증하는 NFT, 즉 소유자가 단 한 명인 음악이나 전자책은 지금까지와는 다른 의미에서 가치를 제공할 필요가 있다. 이미 여기저기에서 새로운 시도를 하고 있는데, 미국의 록 밴드 킹스 오브 레온Kings of Leon은 NFT 마켓플레이스에 앨범 〈When you see yourself〉의 NFT 버전을 출품했다. NFT를 소유할 수 있는 만족감뿐 아니라 멤버가 직접 촬영한 사진, 한정판 레코드, 게다가 평생 그들의 라이브를 가장 앞에서 볼 수 있는 '골든 티켓'이라는 혜택까지 주어졌다. 그 결과, 그들의 NFT는 약 21억 원에 낙찰되었다.[21]

지금까지 음악업계에서는 영상 콘텐츠를 프로모션 비디오 용도로만 사용했다. 그런데 NFT와 결합하면서 영상 콘텐츠를 추가해 한정판 1,000개를 판매하는 방식도 가능하다. 혹은 VIP

만 참석할 수 있는 콘서트 티켓을 포함해 NFT 음원을 판매하기도 한다.

이제 막 발걸음을 내디딘 단계이지만, 일본 회사 중에서는 사쿠라게이트Sakuragate가 서비스하는 음악 전문 NFT 마켓플레이스 'The NFT Records'와 'Studio ENTRE'가 NFT를 통한 음악과 아트워크의 콜라보를 판매하는 사이트 '.mura(닷뮤라)'를 개설하는 등 앞으로 음악 NFT도 새로운 아이디어가 결합해 다양하게 활용될 것이다.

전자책 분야에서는 일본의 유명 편집자 미노와 코스케가 이끌고 있는 사우나 전문 잡지 《사우나랜드》가 NFT로 전자책을 단 1권만 한정 발간했는데, 단순히 책을 열람하는 것뿐만 아니라 출판과 판매까지 할 수 있는 상용권을 추가해 경매에 출품했다.[22] 결과는 어땠을까? 이 전자책은 약 2,800만 원에 낙찰되었다. 음악과 마찬가지로 전자책도 추가 혜택을 넣지 않으면 고가에 판매하기 어렵다. 앞으로 책으로 만들어지기 전 기획 단계의 원고나 교정지(인쇄 전 원고)를 NFT로 만들거나 저자와 직접 만날 수 있는 권리를 추가하는 등 다양한 시도가 등장할 것이다.

일본의 IT회사 가우디Gaudiy와 웹툰회사 코믹스마트comicsmart는 전자책을 만들어 NFT를 거래할 수 있는 서비스를 출시했다.[23] 지금까지 대출이 어려웠던 전자책을 가족이나 지인에게 빌려주고, 다 읽은 전자책을 중고로 판매하는 서비스를 출시하는 것이 최종 목표다. 종이로 된 만화책이나 소설책은 읽고 난 뒤 다른 사람에게 쉽게 빌려줄 수 있지만, 전자책은 디지털 데이터이므로 복제도 어렵고, 대여를 해주거나 중고로 판매할 수 없다. 특히 아이들이 서로의 책을 돌려 읽으며 커뮤니케이션 할 수 없다는 사실은 참으로 안타깝다. 이번 실험이 성공한다면 앞으로 도서관의 존재 의미도 크게 달라질 수 있다. 또한 도심에서 멀리 떨어진 지역에서도 인터넷으로 다양한 책을 빌릴 수 있게 된다면 교육 격차와 정보 격차가 어느 정도 해소될 수 있을 것이다.

NFT 마켓플레이스 중에는 도메인 네임을 NFT로 취급하는 곳도 있다. 흔히 도메인은 인터넷 브라우저의 URL에 표시되는 'google.com' 같은 문자열을 일컫는데, NFT 마켓플레이스에서 거래되는 도메인은 조금 다르게 '.eth'처럼 표기한다. URL이 아니라 이더리움 블록체인으로 이용할 수 있는 도메인을 뜻하며, 이더리움의 송금 주소 대신 사용할 수 있다.

이더리움으로 송금을 받으려면 상대방에게 주소를 가르쳐주어야 한다. 그런데 영문자와 숫자가 뒤섞인 42개의 문자열을 전달할 때 실수로 잘못 입력할 가능성이 있다. 게다가 잘못 송금한다면 누구에게 송금되었는지 알아낼 방법이 전혀 없다. 그래서 오류를 방지하고자 'xxx.eth'처럼 간단한 도메인을 사용하면 효율적으로 일을 처리할 수 있다.

인터넷의 URL 도메인과 마찬가지로 먼저 선점한 사람에게 권리가 있는데, 잘 알려진 단어나 글자 수가 짧은 문자열은 이미 거의 선점된 상태로 NFT 마켓플레이스에 출품되고 있다. 앞으로 NFT가 널리 퍼지면 이더리움으로 거래할 일도 늘어날 테니 '.eth'를 이용하는 사람이 늘어나는 상황을 대비한 선행 투자라 할 수 있다.

◦ 가상공간의 부동산 거래에도 사용되는 NFT ◦

NFT가 가상공간의 부동산 매매에도 사용된다는 이야기를 들어본 적 있는가? 이런 이야기를 들으면 일본 경제에 거품이 잔뜩 끼었을 때 성행했던 토지 사기(1970~1980년대에 일본에 가치가 거의 없는 땅을 속여 파는 토지 사기가 만연했다.―옮긴이)인가 싶을 것이다. 가상공간이므로 실제로 토지가 존재하지 않으니 사기라고 생각하는 것이 이상하지만은 않다.

그런데 실제로 온라인 게임 속 가상공간이 활발하게 거래되고 있다. 게임이라는 이름이 붙었지만 '드래곤퀘스트(일본의 스퀘어에닉스가 출시한 게임으로, 플레이어를 육성하면서 모험을 하는 내용―옮긴이)'처럼 명확한 미션이 있는 것은 아니다. 굳이 따지면 '모여봐요 동물의 숲(일본의 닌텐도에서 출시한 게임으로, 여러 사용자가 함께 가상공간에 마을을 이루는 내용—옮긴이)'처럼 플레이어들이 게임 속 가상공간에 모여 수다를 떨기도 하고, 이벤트를 열기도 하고, 무언가를 만들어내기도 하는 등 커뮤니케이션이 주요 콘텐츠다.

가상공간이지만 실제 토지처럼 갤러리를 짓고 NFT 아트 컬렉션을 전시해 판매할 수 있다. 물론 토지를 다른 사람에게 빌려주거나 재판매할 수도 있다. 재미있는 사실은 가상공간이라 해도 실제 토지와 마찬가지로 인기가 있을 법한 곳은 가격이 상승하고, 아무도 관심을 두지 않는 곳은 저렴하게 거래된다는 것이다.

'가상공간'이라는 단어를 접하면 2007년에 유행했던 게임 '세컨드 라이프Second Life'가 떠오르는 사람이 많을 것이다. 이는 미국의 SF 작가 닐 스티븐슨Neal Stephenson이 1992년에 발표한 소설 《스노 크래시Snow Crash》에 등장하는 가상공간 '메타버스'에서 힌트를 얻어 개발된 게임이다. 소설이 엄청난 성공을 거두면서 가상공간을 '메타버스'라고 표현하게 되었다.

당시 필자는 세컨드 라이프를 통해 새로운 비즈니스를 떠올리고 잠잘 시간을 아껴가며 리서치를 했던 기억이 있다. 2008년, 일본 도쿄에 위치한 디지털할리우드대학(IT 특화 대학)의 미즈부치 게이지 교수와 인연이 닿아 도쿄 빅사이트에서 열린 '가상세계 콘퍼런스&엑스포'에서 함께 강연을 한 적도 있다. 가상 세계는 그 정도로 재미있다.

세컨드 라이프에서는 '린든 달러Linden Dollar'라는 전용 통화를 사용하는데, 아바타가 입는 의상이나 장식품, 토지, 집, 가구 등 온갖 재화를 거래할 수 있다. 토지는 세컨드 라이프를 운영하는 회사인 린든랩Linden Lab이 만들고, 플레이어는 토지를 구매하거나 분할해서 대여할 수도 있다. 현실 세계와 마찬가지로 인기 있는 곳은 땅값이 높고, 그렇지 않은 곳은 땅값이 저렴한데, 특정 지역에 어떤 사람들이 사느냐에 따라 가격이 달라지기도 한다. 현실 세계와 똑같아 가상 세계에 또 다른 사회가 만들어지고 있는 듯한 기분이 든다.

다만, 과거에는 인터넷 회선 속도가 느리고 PC 사양도 낮았기 때문에 컴퓨터에 대해 잘 알고 고성능 PC를 가지고 있는 사람들만 게임을 즐겼다. 지금은 컴퓨터뿐 아니라 스마트폰으로도 온라인 게임을 즐길 수 있으며, 가상공간을 이용하는 사람도 셀 수 없이 많다. 그로 인해 블록체인을 기반으로 하는 게임 내 토지나 아이템을 소유한 사람이 명확하게 기록된 블록체인 게임이 출시되기도 했고, NFT 마켓플레이스에서는 이러한 게임 내 토지 거래가 이루어지기도 한다.

'가상공간의 토지 거래'라고 하면 이상하게 들리겠지만, 가상공간의 프로그램이 동작하는 컴퓨터의 하드 디스크를 생각해 보면 쉽게 이해할 수 있다. 가상공간을 이용하려면 필요한 데이터를 모두 저장해야 하므로 메모리나 하드 디스크에 데이터를 기록한다. 토지를 구매한다는 것은 가상공간을 만드는 컴퓨터의 디스크 '소유권'을 구매하는 것과 마찬가지다. 디스크에 건물이나 그림 데이터를 기록하면 가상공간의 토지에 갤러리를 짓고 디지털 그림을 전시할 수 있다. 마치 서버를 임대해 홈페이지를 구축하는 일과 같다.

◦ 실제 작품이나 권리 거래도 가능한 NFT ◦

다양한 디지털 데이터가 NFT로 만들어져 거래된다는 사실은 이해했을 것이다. 여기서는 한 걸음 더 나아가 디지털이 아닌 것까지 NFT로 만들어 거래하는 사례를 소개하고자 한다.

2021년 7월 1일, NFT 마켓플레이스 '라쿠자'가 서비스를 시작했다.[24] 라쿠자는 실제 애니메이션 제작에 사용된 셀화(애니메이션에 사용되는 원화—옮긴이)를 전문으로 다룬다. 〈드래곤볼 Z〉, 〈루팡 3세〉, 〈무민〉, 〈바람의 계곡 나우시카〉 등 크게 인기를 끈 애니메이션의 셀화를 거래할 수 있으며, 셀화의 소유권을 구매할 수 있다.

셀화의 원본은 라쿠자 측에서 관리한다. NFT를 구입해도 그림이 직접 집으로 배송되는 것은 아닌 셈이다. 실물은 별도로 있고, 소유권을 표시한 NFT만 인터넷으로 거래할 수 있다는 점은 기존 거래 방식과 매우 차별화된다. 덕분에 국내뿐 아니라 지구상 어디에 있더라도 쉽게 소유권을 살 수 있다. 일본의 애니메이션은 해외에서도 인기가 매우 많은데, 전 세계 각국에 거주하는 애니메이션 팬들이 라쿠자의 NFT를 거래할 날도 머지않았다.

라쿠자에서 구매한 소유권은 재판매를 할 수도 있고, 다른 사람에게 대여해줄 수도 있다. 예를 들어 애니메이션 이벤트나 작품 전시회 주최자에게 소유하고 있는 셀화를 빌려주고 대여료를 받을 수 있다. 또한 셀화를 직접 갖고 싶다면 NFT를 소각하는 조건으로(NFT를 재판매할 수 없는 상태) 셀화를 배송받을 수도 있다. 실제 셀화와 디지털 세계의 NFT를 결합해 재미있는 사례를 만들어냈다.

이외에도 헬스장에서 갈고닦은 자신의 몸 사진을 NFT로 만들어 저장하는 서비스도 있고, 고급 자동차를 공유하는 권리를 NFT로 팔 수 있는 서비스도 있다. 이뿐만이 아니다. 코로나 19 검사 결과를 NFT로 만드는 서비스까지 등장했다.

∘ NFT의 높은 진입장벽 ∘

NFT로 다양한 물건과 데이터, 권리를 거래하는 사례들을 살펴보았다. 하지만 실제로는 온라인에서 물건을 구매하듯 쉽게 거래할 수 있는 것이 아니다. NFT 마켓플레이스에 따라 조금씩 차이는 있지만, NFT는 블록체인 기술이 기반이므로 기본적으로 구매 대금은 가상통화로 결제해야 한다. 또한 가상통화가 있어도 별도의 가상통화 지갑을 사용해 NFT 마켓플레이스에 접속해야 한다.

NFT 마켓플레이스에서 NFT 구매하기
1. 가상거래소에서 NFT 구매에 필요한 가상통화 구매
2. '메타마스크Metamask(온라인 지갑)' 설정
3. 가상거래소에서 구매한 가상통화를 메타마스크로 이동
4. 메타마스크와 NFT 마켓플레이스 연동
5. NFT 구입

가상통화를 사용해본 적 없는 사람은 대체 이게 무슨 말인지 이해가 되지 않을 수도 있다. 가상통화를 거래해본 적이 있어서 송금이나 수취 방식을 이해한다 해도, 온라인 지갑 '메타마스크'를 사용해보지 않았다면 절차를 쉽게 이해하지 못할 수도

있다.

여러 차례 이야기했듯 NFT는 블록체인에 기반하므로 대금은 가상통화로만 결제할 수 있다. 또한 NFT 마켓플레이스에는 가상통화를 저장하는 별도의 계좌가 없기 때문에 매번 대금을 결제해야 한다.

주식이나 외화를 거래할 때를 생각해보자. 증권회사 계좌를 개설하고, 거래에 필요한 돈을 미리 넣어둔다. 이렇게 하면 증권회사 계좌에 있는 돈으로 주식을 거래하므로, 증권회사의 온라인 사이트 안에서 모든 거래를 끝낼 수 있다. 만약 증권회사 계좌를 만들지 않고 매번 신용카드로 결제해야 한다면 수시로 변동하는 주가 타이밍에 맞춰 거래할 수 없다. 가상거래소도 마찬가지로 거래소 내에 계좌를 개설했기 때문에 변동하는 가상통화 환율에 맞춰 빠르게 매매를 할 수 있다.

하지만 NFT 마켓플레이스에서는 주식이나 가상통화처럼 빈번하게 NFT를 거래하지 않기 때문에 계좌를 만들 필요가 없다. 오히려 마켓플레이스에 계좌를 만들면 계좌별로 개인 정보 관리, 본인 확인 등의 절차를 밟아야 한다. 또한 계좌와 가상통화를 관리하는 데 필요한 행정적인 절차를 거쳐야 하고, 시스템 개발 비용, 법적 요건까지 충족해야 한다.

이러한 부담을 줄이기 위해 마켓플레이스에서는 가상통화를 보관하는 계좌를 개설하지 않는다. 그러므로 가상통화로 NFT

작품을 구매하려면 메타마스크를 사용해야 한다. 가상통화는 계좌 주소를 지정해 송금할 수 있는데, 계좌 주소를 잘못 입력하면 한 번 송금한 가상통화는 절대 돌려받을 수 없다(누구의 계좌인지 확인할 방법이 없으므로 연락 수단조차 없다). NFT 아트의 경우, 상당히 고액을 송금해야 하기 때문에 별도로 계좌 정보를 입력하지 않아도 송금할 수 있는 메타마스크를 사용한다.

메타마스크는 계좌 정보를 직접 입력하는 대신 NFT 마켓플레이스와 연동할 수 있어 직접 송금 주소를 지정하지 않아도 자동으로 처리된다. 다만, 가짜 사이트에 접속하면 사기 계좌로 송금할 수도 있는데, 한 번 실수하면 절대 돌이킬 수 없다. 따라서 이용자는 NFT 마켓플레이스의 URL을 제대로 확인하고 실수하지 않도록 주의해야 한다.

이처럼 아직은 절차가 번거로워 어느 정도 가상통화 거래를 해본 적 있는 사람들만 NFT 마켓플레이스를 이용하는 상황이다. 게다가 지금은 예술 작품에 흥미가 있어서가 아니라, 투자, 혹은 그저 재미로 NFT를 구매하는 사람이 훨씬 많다. 또한 NFT를 구매할 수 있을 만큼 가상통화를 충분히 갖고 있지 않다면, 일부러 가상거래소에 등록해 원화를 가상통화로 환전한 뒤 NFT를 구매하려 하지 않는다. 상황이 이러하기에 일반인들을 거래에 참여시키는 것은 쉬운 일이 아니다.

앞으로 NFT시장이 확대될 여부는 NFT 마켓플레이스의 작품 구매 절차가 얼마나 간단해질지에 달려 있다. 일본의 최대 개인 거래 플랫폼 '야후오크', 일본의 대형 온라인 쇼핑몰 '라쿠텐', 일본의 최대 중고거래 플랫폼 '메루카리'가 NFT 사업에 뛰어든다는 뉴스도 있다. 앞으로 조금 더 간편하게 거래를 할 수 있게 되면 중고거래 애플리케이션을 사용하는 것처럼 보다 쉽게 NFT를 거래할 수 있는 플랫폼이 등장할지도 모른다.

◦ 게임, 스포츠, 아이돌과 잘 어울리는 NFT ◦

예전부터 대전 게임 카드, 스포츠 트레이딩 카드, 연예인 브로마이드 등은 팬들에게 인기가 많았다. 서로 컬렉션을 자랑하기도 하고, 교환하기도 했다. 이러한 수집품을 모으는 팬들은 NFT처럼 희소성이 높을수록 반드시 손에 넣고 싶어 한다. 예를 들어 특정 아이돌 팬이 이벤트 악수권을 얻기 위해 같은 CD를 수십 장씩 구매하는 것과 같다.

게다가 팬들이 어떤 특전을 가지고 싶어 하는지, 어떤 것이 희귀 아이템인지 등의 정보는 인터넷을 통해 확인할 수 있으므로 한발 먼저 아이템을 사들여 비싸게 팔려는 사람들까지 등장했다. 아이돌의 한정 굿즈를 몇 배, 아니 수십 배 높은 가격에 판매한다는 이야기를 한 번쯤 들어본 적 있을 것이다. NFT는 아직 그 정도로 유통량이 많지 않아 사례가 적은 편이지만, 머지않아 아이돌 NFT 아이템을 먼저 구매해 팬들에게 비싼 가격에 재판매하려는 사람들이 나타날지도 모른다.

현재 연예인과 관련된 NFT 사례를 살펴보자.

- '베이비 메탈' 결성 10주년 기념 NFT 트레이딩 카드

  베이비 메탈Baby Metal은 일본의 여성 메탈 댄스 그룹으로, 일본보다 해외에서 활발하게 활동하고 있으며 미국에서 특히 인기가 많다. 2021년 5월 7일, 그들은 결성 10주년을 기념해 NFT 트레이딩 카드를 발매했다.[25] 장당 100달러로, 1,000장 한정 판매를 시작하자마자 몇 분 만에 매진되었고, 이후 NFT 마켓플레이스에서 고가에 거래되었다. 시리얼 넘버 1번은 약 1,000만 원에 거래되었다고 한다.

- 'SKE48' 결성 12주년 기념 NFT 트레이딩 카드

  SKE48은 일본의 유명 프로듀서 아키모토 야스시가 프로듀싱한 AKB48 그룹 중 하나로, 나고야를 중심으로 활동하는 여성 아이돌 그룹이다. 그들은 결성 12주년을 기념해 2020년 8월부터 NFT 트레이딩 카드를 판매했다.[26] 캠페인을 계속 진행해 2021년 6월부터는 NFT 마켓플레이스 '코인체크 NFT 베타(β)Coincheck NTF β'에서도 카드 거래가 가능하다.[27]

• 디지털 아트로 만든 퍼퓸의 댄스 안무

2021년 6월, 일본의 3인조 테크노댄스 그룹 퍼퓸Perfume은 댄스 안무를 디지털 아트로 만들어 NFT로 발매했다. 사이버틱한 그룹 이미지가 NFT와 잘 어울렸는데, 최종적으로 약 3,000만 원에 낙찰되었다.[28] 같은 해 8월에는 제2탄도 순차 발매되었다.

이처럼 NFT로 작품의 희소성을 높여 거래를 하려면 이미 많은 팬을 확보한 업계가 유리하다. 팬들이 희소성 있는 가치를 부여하고 소유하는 행위에 자부심을 느낄 수 있는 환경이 조성되어야 한다. 이미 한국에서는 연예인 매니지먼트 협회가 아이돌 등의 초상권을 NFT로 만들고자 하는 움직임까지 나타나고 있다.[29]

◦ 본격적으로 움직이는 아트업계 ◦

많은 사람이 비플의 작품 〈매일: 첫 5,000일〉이 750억 원에 낙찰되었다는 사실에 놀라움을 금치 못한다. 하지만 이보다는 이 작품이 세계적으로 유명한 크리스티 경매장에서 낙찰되었다는 사실에 주목해야 한다. 1776년에 문을 연 유서 깊은 크리스티 경매장에서 NFT 아트를 다루었다는 사실은 의미하는 바가 상당히 크다.

아티스트 무라카미 다카시가 집필한 《예술기업론(국내 미출간)》을 보면 일본과 해외에서 아트를 바라보는 시각이 상당히 다르다는 사실을 알 수 있다. 일본은 작품 자체의 아름다움을 가치로 추구하는 경향이 있다. 그래서 아마추어 작품이라 해도 아름다움이 느껴지면 인기가 많다.

반면 해외에서는 작품이 태어난 배경이나 미술사에서의 위치, 사회구조 변화 등 작품의 배경에 흐르는 문맥에 따라 가치가 매겨진다. 그러므로 아트를 잘 아는 사람들은 미술사는 물론 사회 흐름 등을 기반으로 작품을 해석하고 토론해 작품의 가치를 결정한다. 이러한 배경지식이 없는 일반인들은 작품의 가치를 이해하기가 어려운데, 하얀 캔버스에 선 하나 그은 것 같은 단순한 그림이 왜 수억 원에 이르는지 납득하지 못하는 일이 비일비재하다.

무라카미 다카시는 이러한 시각 차이를 의식해 해외에서의 트렌드는 물론, 사람들이 어떤 작품을 원하는지, 어떤 해석을 덧붙이면 가치가 올라가는지 등을 전략적으로 분석했다. 무라카미 다카시의 예술 작품은 일본의 오타쿠 문화를 기반으로 하는 것이 많은데, 단순히 서양에서 일본 만화나 오타쿠 문화가 인기가 있으니 덩달아 편승했다고 여겨서는 안 된다. 그는 예부터 전해 내려오는 일본의 전통 예술을 바탕으로, 현대 일본의 오타쿠 문화를 결합하는 방식을 채용했다.

최근 일본에서 인기 있는 만화나 오타쿠 문화는 갑자기 생겨난 것이 아니다. 오랜 세월 동안 전해 내려오는 일본 전통 예술을 계승한 것이며, 역사 흐름 속에서 현대사회의 가치관과 젊은이들의 문화가 결합해 만들어진 것이다. 그러므로 애니메이션에 등장하는 캐릭터 그림이나 게임 캐릭터 그림 역시 역사가 흘러가는 시간 속에서 일종의 연장선으로 보아 높은 가치를 지닌다. (일단 이렇게 쓰긴 했는데, 아트 전문가가 보면 아는 것도 없는데 마음대로 해석했다고 비난할 것 같다.) 무라카미 다카시는 일본과 해외(서양)에서 아트를 바라보는 시각차 때문에 작품이 판매되는 가격 역시 다르다고 이야기했다.

역사적인 의미까지 이해해야 본질을 파악할 수 있는 디지털 아트, 그리고 그것을 블록체인에 기록해 원본임을 증명하는 NFT는 지금까지의 아트와 전혀 다른 해석이 가능하며, 오늘날 디지털 사회에서의 새로운 전환점이라 할 수 있다.

크리스티 경매장이 비플의 작품을 경매에 올렸듯, 경매시장의 양대 산맥인 소더비에서도 NFT 작품을 다룰 예정이며, 대금은 가상통화로 받을 것이라고 한다. 이렇게 세계 아트업계가 NFT 아트의 가치를 인정하고 있다. 이러한 사실을 인지하지 못하고 그저 작품이 얼마에 팔렸는지만 주목하면 어떤 이유로 작품에 가치가 생기는지, 어떻게 하면 가치가 올라가는지 놓치고 말 것이다.

◦ 예술업계를 쫓는 패션업계 ◦

2021년 4월, 일본에서 처음으로 가상 스니커즈가 발매되었다. 가격은 무려 1,400만 원이었는데, 상당히 높은 가격에도 불구하고 9분 만에 매진되었다.[30] 가상 스니커즈이므로 당연히 실제로 신을 수 없는 디지털 데이터다. 이를 통해 실용성은 전혀 없지만 디자인 소유에 돈을 아끼지 않는 사람이 많다는 사실을 알 수 있다.

실용성보다 디자인에 높은 가치를 두고 직접 소유하려는 사람들이 늘어나고 있다. 이를 알아챈 패션업계는 예술업계를 뒤쫓기 위해 노력하고 있다. 구찌, 루이비통, 버버리 등 명품업체가 NFT에 참여했으며, 브랜드 이미지로 만든 그림과 동영상을 NFT로 만들기도 했다. 아직은 NFT를 어떻게 활용할지 고민하는 단계이지만, 해당 브랜드를 좋아하는 열렬한 팬들이 많은 만큼 딱 한 점뿐인 NFT 아이템이 등장한다면 서로 앞다퉈 사들이려 할 것이다.

이후에 자세히 다루겠지만, 앞으로 VR이 확대되어 아바타

(가상 세계에서 자신의 분신) 상태로 메타버스에 머무르는 시간이 길어지면, 브랜드의 디지털 의상, 디지털 운동화 수요가 늘어날 것이다. 그렇게 되면 요즘 판매되는 NFT 아이템은 빈티지로서 가치가 상승할 가능성도 있다.

∘ NFT 구매자, 과연 늘어날까 ∘

지금까지 살펴보았듯 현재 NFT를 구매하는 계층은 가상통화를 거래한 경험이 있고, 희귀한 아이템에 대한 열망이 강하며, NFT가 미래에 더욱 성장할 것으로 기대하고 있다. 이와 같은 사람들은 국내는 물론, 세계적으로도 아직 소수에 불과하다.

다만, 가상 세계의 아트시장을 살펴보면 부유층이 빠르게 증가하고 있는 중국에서 거래량이 급증하고 있다. 이 점은 주목할 만하다. 2019년 세계 미술시장 규모는 70조 원에 이르며, 미국이 40%, 영국이 20%를 차지하고 있다. 3위 중국은 20%를 차지하며 그 뒤를 바짝 뒤쫓고 있다.[31] 즉 미국, 영국, 중국 이렇게 세 국가가 세계 미술시장의 80%를 차지하고 있는 상황이다.

NFT 마켓플레이스도 마찬가지로 디지털 거래이므로 국가에 관계없이 거래할 수 있는데, 특히 중국에서 구매하는 사람이 많다. 이 점을 그냥 지나쳐서는 안 된다. 앞으로 중국에 이어

급속하게 부유층이 늘어나고 있는 인도나 동남아시아, 또는 그들 지역에서 태어나 선진국에서 성공을 거둔 이민자들이 고가의 NFT 아이템을 구매할 것으로 쉽게 예측할 수 있다. NFT를 비즈니스에 활용하려면 이러한 흐름을 이해하고 국내뿐 아니라 해외도 시장으로 삼아야 한다.

또한 가상통화 이외에 신용카드로 결제할 수 있는 NFT 마켓플레이스도 점차 늘어나고 있다. 실제로 'NBA 톱샷'에서는 신용카드 결제가 가능해 가상통화에 대한 지식이 없는 사람도 NFT를 구매할 수 있다. 이러한 구매 방식이 널리 퍼지면 지금보다 구매자의 폭이 넓어질 것이다.

정리

- AV 배우 하타노 유이가 판매한 3,000장의 디지털 사진은 7분 만에 약 16억 원의 매출을 올렸다. 그녀는 일본뿐 아니라 해외에서도 인기가 많은데, 특히 중화권에서 구매가 많이 이루어졌다.
- 자신을 번트 뱅크시라 밝힌 한 사람이 뱅크시의 그림을 디지털로 만든 뒤 실제 작품을 소각했다. 그리고 스캔한 디지털 작품을 NFT로 만들어 판매했는데, 이는 10배 이상 가격이 뛰었다. 디지털 작품의 의미와 가치를 깊이 생각해볼 필요가 있다.
- 세키구치 아이미가 제작한 VR 작품은 1억 3,000만 원에 낙찰되었다. 원래는 VR 작품이기에 판매가 어려웠지만, NFT로 만들어 원본을 판매할 수 있다는 사실을 보여주었다.
- 트위터의 공동 창업자 잭 도시의 첫 트윗은 약 30억 원에 낙찰되었다. 이를 통해 인터넷 역사의 귀중한 발자취가 어느 정도 가치가 있는지 예상할 수 있다.
- 온라인 게임과 블록체인을 결합해 게임 아이템을 NFT로 거래하면, 이력과 소유가 명확해져 안심하고 거래할 수 있다.
- 스포츠업계는 짧은 동영상을 트레이딩 카드처럼 NFT로 판매한다. 그로 인한 수익은 코로나19 여파로 관중이 줄어든

스포츠업계에 커다란 공헌을 하고 있다.
- 음악, 전자책, 도메인, 가상공간의 토지, 실제 예술 작품 등 다양한 것들이 NFT로 만들어져 거래가 이루어지고 있다.
- NFT 구매는 아직 진입장벽이 높다.
- 게임, 스포츠, 연예 관련 업계는 NFT와 잘 어울린다. 경매시장의 양대 산맥인 크리스티 경매장과 소더비도 NFT 아트를 다루기 시작했다. 이를 뒤쫓듯 패션업계도 움직이고 있다.
- 국내뿐 아니라 해외에도 NFT 구매자가 많다는 사실을 기억해야 한다.
- 신용카드를 이용한 NFT 구매도 점차 늘어날 예정이다.

> **칼럼 3** **예술 작품, 폭넓은 시각으로 바라보자**

예술 작품에 투자할 때 참고해야 할 사항을 정리한 글이 있다. 일본의 온라인 옥션 갤러리 '태그보트tagboat'의 대표 도쿠미츠 켄지가 쓴 '아트 투자의 다섯 가지 조건'이 바로 그것이다. (이 글은 2021년 2월 20일 일본의 경제잡지 《동양경제》에 실렸다.) 도쿠미츠 켄지는 '투자해야 하는 대상은 작품이 아닌 아티스트다'라고 했는데, 아티스트의 장래성을 알아보고 향후 유명한 아티스트가 될지 판단하는 과정이 중요하다는 의미다.

모든 예술 작품의 가치는 장래 가치가 어떻게 변화할지 알아보는 안목이 결정한다. 아티스트가 유명해지면 초기 작품의 가치도 상승한다. 반면 아무리 멋진 작품이라도 아티스트가 무명이라면 가치는 전혀 올라가지 않는다. 지금은 누구나 알고 있는 유명 화가 고흐도 생전에 판매한 작품은 〈붉은 포도밭〉 단 한 점뿐이라고 한다. 현재 그의 작품은 수백억 원 이상에 낙찰된다.

크리스티 경매장과 소더비에서는 수집가들이 아티스트의 가치를 높이기 위해 특정 아티스트의 작품을 사들이기도 한다. 이렇게 하면 해당 아티스트의 작품들은 가격이 상승한다. 작품 하나만으로는 가치를 판별하기 어려우므로, 아티스트의 모든 작품은 물론 희소성 등 폭넓은 시각에서 바라볼 필요가 있다.

NFT가 급격하게 주목받는 과정에서 반짝 유명해져 고가에 거래된 NFT 작품도 있다. 따라서 예술 작품이나 아티스트의 평가뿐 아니라 NFT 마켓플레이스의 전반적인 동향을 함께 살필 필요가 있다. 또한 5년 후, 10년 후, 50년 후 상황이 어떻게 변할지 상상하고 판단해야 한다.

제3장

NFT의 가능성

∘ 계약서와 스마트 계약 ∘

지금까지 NFT의 다양한 활용 사례를 살펴보았다. 이번 장에서는 NFT에 관한 기술적인 내용과 향후 NFT가 초래할 가능성을 생각해보고자 한다. 여러 차례 이야기했듯 NFT는 특정 재화나 서비스를 판매하는 것이 아니라, '소유권'이라는 권리를 거래하는 개념이다. 이는 가치를 거래하는 가상통화와는 조금 다르다.

비트코인이나 이더리움과 같은 가상통화는 계좌 A에서 B로 1비트코인, 1이더리움처럼 '가치'를 이동시킨다. 이러한 거래 이력은 블록체인에 모두 기록되는데, 어디까지나 가치가 이동한 사실만 기록하므로 권리와는 아무런 관계가 없다.

NFT는 디지털 데이터가 어디에 있는지, 원작자는 누구인지와 같은 정보를 블록체인에 기재한다. 이를 '민팅Minting(주조)한다'라고 표현한다. 가상통화의 기념주화를 주조한다고 생각하면 쉽게 이해할 수 있을 것이다. 기념주화는 가치가 변동하므로 매매 가격이 항상 변한다. 올림픽 기념주화에 '500원'이라고 적혀 있어도 인기가 상승하면 기재된 금액과 상관없이 10만 원에 거래되기도 한다. 앞서 가상통화의 가치를 이동하는 과정과 달리 매번 가격이 변동하며, NFT에 기재된 권리가 양도된다. 이러한 구조는 '스마트 계약'이라는 기능을 통해 실현된다.

스마트 계약은 권리를 양도하는 계약 내용을 컴퓨터가 이해할 수 있는 프로그램으로 만들어 블록체인에 기록하는 것을 뜻한다. 기록한 다음에는 그 누구도 변조할 수 없고, 가상통화 결제가 이루어지면 자동으로 권리가 양도된다. 계약이 자동으로 실행되므로 '스마트 계약'이라 한다.

가상 세계의 계약서를 기반으로 같은 거래를 하려면 판매자와 구매자가 서류를 교환하고, 각각 서명을 하거나 도장을 찍은 뒤 1부씩 보관해야 한다. 이렇게 상당히 귀찮은 절차를 거쳐 계약하고 대금을 전부 냈는데도 권리를 양도받지 못하거나, 반대로 권리를 양도했는데도 대금을 받지 못하는 등 문제가 발생하면 조정 과정이 필요하다. 그래도 해결되지 않으면 최악의 경우, 재판까지 감수해야 한다.

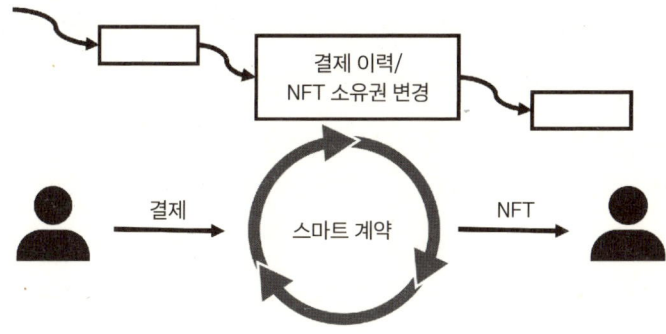
▶자동으로 계약이 실행되는 스마트 계약

스마트 계약은 프로그램이 가상통화로 대금을 전부 결제한 사실을 확인하고 자동으로 권리를 양도하며, 대금 지급과 양도 정보를 모두 블록체인에 기록한다. 대금을 여러 차례에 나누어 결제하는 계약이라도 그에 맞춰 프로그램을 만들면 몇 차례에 나눌 것인지, 언제 권리를 양도할 것인지, 도중에 대금 결제가 지체된다면 어떻게 할 것인지 컴퓨터가 자동으로 처리한다.

실제 계약서와 달리 문제가 발생할 가능성이 적은 것도 스마트 계약의 장점이다. 이러한 사실을 이해한다면 앞으로 다양한 권리관계가 얽힌 계약 역시 NFT로 만들어지고 자동으로 처리될 것으로 예상할 수 있다. 최근 떠오르는 '탈도장', 또는 전자서명 같은 단순한 디지털화가 아니라, 계약 자체를 프로그램화

시켜 컴퓨터가 자동으로 계약 이행 상태를 관리하고 계약서대로 처리하는 것을 의미하는데, 이는 극적인 변화를 가져올 것이다. 한 예로, 절차를 이행하는 서류를 작성하는 법무사 같은 전문직은 사라질 가능성이 있다. 이러한 변화를 디지털 트랜스포메이션DX, Digital Xransformation이라 한다.

◦ 이더리움의 표준 규격 ◦

NFT를 공부하다 보면 'ERC-20', 'ERC-721', 'ERC-1155' 같은 단어를 마주하게 된다. 이는 이더리움의 표준 규격으로, 어떻게 토큰을 다룰지 사전에 정해놓은 것이다. 자세한 내용을 몰라도 NFT 거래를 하는 데 큰 지장은 없다. 하지만 표준 규격이 존재하고, 이를 기반으로 거래가 이루어지며, 내용이 모두 공개되어 있다는 점을 이해하면 왜 NFT 거래 신뢰도가 높은지 이해할 수 있다. 각 표준에 대해 간단하게 설명하니 개요만이라도 알아두기 바란다.

- ERC: 'Ethereum Request for Comments'의 약자로, 이더리움에서는 기술을 제안하는 문장 역할을 한다. 번호는 제안 순서대로 붙이는데, 'ERC-20'은 20번째로 제안된 내용이라

는 뜻이다.

- ERC-20: 이더리움을 송금하거나 수취하기 위한 표준 규격으로, 토큰 전송, 토큰 정보 취득과 같은 내용이 정해져 있다. 가상통화를 사용해 특정 가치를 거래하는 방법을 정해놓았다.
- ERC-721: NFT에 관한 표준 규격으로, 유일한 토큰이라는 사실을 나타내는 ID나 소유자가 누구인지 표시하는 주소 등 정보를 취급하는 방법을 정해놓았다.
- ERC-1155: '멀티 토큰 스탠다드'라고도 불리며, 한 번의 거래로 복수의 토큰을 취급할 수 있다. 게임을 예로 들면, 특정 캐릭터와 그 캐릭터가 장착한 아이템을 거래할 때 개별적으로 거래하면 여러 차례에 걸쳐 주고받아야 한다. ERC-1155는 캐릭터와 장착된 아이템을 한꺼번에 거래할 수 있게 하는 표준 규격이다. 덕분에 거래 수수료도 한 번만 내면 된다.

이러한 표준 규격을 기반으로 NFT 마켓플레이스가 운영되는데, 모든 마켓플레이스는 이더리움으로 거래할 수 있으며 블록체인상에 특정 NFT는 1개씩만 존재하도록 규정해 운영한다. 마켓플레이스마다 각기 다른 시스템이 돌아가는 것이 아니라, 앞서 언급한 공통 규격에 따라 움직인다.

∘ 스마트 계약이기에 가능한 재판매 로열티 ∘

이제 막 활동을 시작한 무명 아티스트의 작품은 저렴한 가격에 판매되는데, 그나마 팔리기라도 하면 다행이다. 대부분의 작품은 구매자를 찾지 못한다. 하지만 나중에 아티스트의 인지도가 올라가면 초기 작품들의 가치도 함께 올라가 경매를 통해 수억 원에 낙찰되기도 한다.

이렇게 경매에 나온 작품이 고가에 거래되어도 정작 아티스트에게는 1원도 돌아가지 않는 경우도 있다. 일본과 한국의 법률에는 따로 명시되어 있는 것이 없지만, 프랑스를 비롯한 일부 유럽 국가에서는 '추구권(작품이 경매 등을 통해 재판매되면 재판매 금액의 일부를 아티스트에게 지급)'을 명시하기도 한다. 지금까지 NFT의 특징을 이야기하면서 작품이 재판매되어도 아티스트에게 돌아가는 이익이 없다고 설명했는데, 정확히 말하면 국가별로 상황이 다르다.

또한 추구권이 있는 유럽 경매장에서 일본인 아티스트의 작품이 낙찰되어도 일본에는 추구권이 없으므로 재판매 로열티를 지급받을 수 없다. 뭔가 손해 보는 느낌이 들기도 하지만 국제적인 규칙을 무시할 수는 없다.

그런데 스마트 계약은 다르다. NFT를 만들고 프로그램에 로열티를 설정해 아티스트에게 재판매 금액의 일부가 자동으로 송금되도록 할 수 있다. 로열티 비율에 관해서는 별도의 제약이 없다. 따라서 극단적으로 재판매 가격의 100%를 로열티로 정하면 원작자에게 전액을 전달할 수 있다. 하지만 그렇게 하면 그 누구도 작품을 재판매하지 않을 것이므로, 일반적으로는 10% 이하로 설정한다.

물론 10% 이하로 설정해도 예술 작품의 평가 금액이 상승하지 않으면 재판매가 일어나지 않는다. 또한 무엇이든 NFT로 만들어 로열티를 설정한다고 재판매가 이루어지는 것도 아니다. 이러한 로열티 비율은 한 번 설정하면 블록체인에 기록되기 때문에 추후 변경할 수 없다는 사실을 기억해야 한다. 지금까지 일본 및 한국 아티스트들은 실현할 수 없었던 새로운 수익원이므로 많은 사람의 주목을 받을 것이라 생각한다.

◦ 해시마스크 프로젝트의 본질 ◦

'해시마스크Hashmask'는 특정 작품의 이름이 아니라 아트 프로젝트의 이름이다.[32] 이 프로젝트는 마스크를 쓴 인물의 상반신 그림을 그리는 것으로, 70명의 아티스트가 각기 다른 마스크와 옷, 배경을 그려 1만 6,384장의 작품을 만들었다. 이 그림들은 한꺼번에 시장에 나오지 않고 정기적으로 일정 수량만 판매된다. 초기에는 일주일 만에 100억 원어치가 판매되기도 했다. 색상이나 배경에 따라 인기가 높아진 그림은 고가에 거래되기도 했는데, 그중에는 7억 원에 거래된 그림도 있다.

이 프로젝트는 단순히 디지털 아트를 판매하는 것이 아니라, 여러 가지 장치가 마련되어 있다. 우선 해시마스크의 NFT를 소유하면 'NCT Name Changing Token'라는 가상통화를 매일 10장씩 받을 수 있다. NCT를 1,830장 모으면 자신이 소유한 그림에 제목을 붙일 수 있는 권리와 교환할 수 있다. 마음에 드는 작품에 본인이 직접 제목을 붙이는 것은 수집가에게 무척이나 큰 기쁨이다. 매일 10장씩 1,830장을 모으려면 약 6개월 동안 해시마스크의 NFT를 소유해야 하는데, 하루라도 빨리 제목을 붙이고 싶다면 또 다른 해시마스크의 NFT를 보유한 사람으로부터 NCT를 구매할 수 있다. 그래서 실제로 NCT를 거래하는 시장도 생겨났다.

게다가 NCT는 10년 동안만 발행하기 때문에 제목을 붙일 수 있는 횟수는 제한이 있다. 작품 제목을 붙이기 위해 사용한 NCT는 돌아오지 않으므로, 시장 전체에 남은 NCT의 개수는 점점 줄어든다. 전체 수량이 줄어들면 NCT의 가치가 올라가고, 이에 따라 제목을 붙이는 권리의 가치도 높아진다.

해시마스크의 NFT, 즉 소유권을 반환하면 '마스크 토큰' 1개를 받을 수 있다. 마스크 토큰은 또 다른 해시마스크 작품

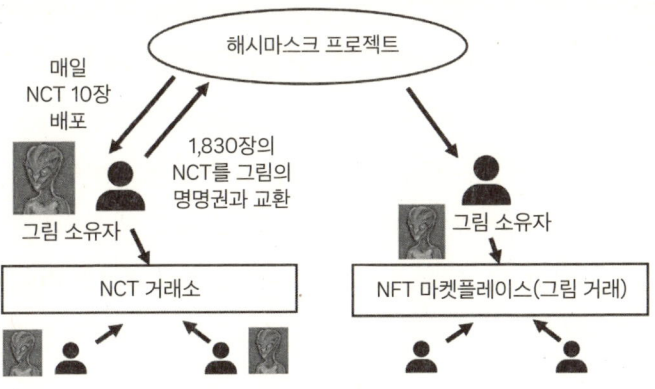

▶ 단순히 그림만 판매하는 것이 아닌 '해시마스크' 사례

NFT와 교환할 수 있는데, 이렇게 해서 손에 넣은 작품이 마음에 들지 않으면 다시 소유권을 반환하고 다른 작품으로 교환할 수 있다. 다만, 교환 과정에서 원하는 그림을 지정할 수 없다. 아이들이 즐겨 하는 뽑기처럼 다음에 어떤 그림이 나올지는 소유권을 양도받기 전까지 알 수 없다. 마스크 토큰은 다른 사람에게 양도가 가능하므로, 또 다른 시장이 생겨나기도 했다.

이처럼 해시마스크 프로젝트는 단순히 NFT 아트를 거래하는 것뿐 아니라, 작품의 명명권NCT이나 해시마스크 NFT를 손에 넣을 권리처럼 예술 작품에 뒤따르는 권리까지 거래할 수 있는 구조를 만들었다.

게다가 화제를 키우고 커뮤니티를 육성하기 위해 아티스트

70명의 정보를 공개하지 않았으며, 그림에는 여러 가지 숫자나 기호가 숨겨져 있다. 그림에 숨겨진 수수께끼를 풀기 위해 해시 마스크를 소유한 사람뿐 아니라, 수수께끼에 관심 있는 일반인들까지 커뮤니티를 만들어 꾸준히 인기를 유지하고 있다.

단순히 NFT를 판매하는 것에 그치지 않고 커뮤니티 육성까지 고려해 치밀하게 설계한 프로젝트인 만큼 참고할 만한 것들이 많다. 이에 대해서는 5장에서 다시 한 번 자세히 다룰 예정이다.

∘ 변화하는 아트, 영원히 미완성인 아트 ∘

그림이나 조각 같은 실제 예술 작품은 아티스트가 발표한 순간 완성된 작품이 되며, 발표한 후에는 추가로 손을 대지 않는다. 하지만 시간이 지나면 그림의 색이 바래거나 조각에 금이 가는 등 세월의 상처가 생긴다. 희소가치가 높은 작품은 이러한 현상을 막기 위해 온도나 습도를 최적으로 조절하고 빛을 차단하며 매우 소중하게 관리하기도 한다.

반면 디지털 아트는 아무리 시간이 지나도 변하지 않기 때문에 항상 똑같은 상태로 감상할 수 있다. 여기에 NFT가 추가되면, 오히려 변화하는 디지털 예술 작품을 만들어낼 수도 있다.

예를 들어 디지털 그림 캔버스를 100개로 나눠 각각을 NFT로 만든다. NFT를 소유한 사람은 캔버스에 다시 그림을 그릴 수 있는데, 그로 인해 소유자가 바뀔 때마다 그림도 바뀐다. 최종적으로 어떤 그림이 될지, 100장의 그림을 다시 하나로 합칠 때 어떻게 될지는 아무도 알 수 없다. 이러한 방식으로 끝없이 변화하는 예술 작품이 탄생할지도 모른다. 게다가 작품에 누가 그림을 그렸는지까지 전부 블록체인에 기록된다.

예술 작품이 아니더라도 큰 빌딩이나 다리 건설에 참여한 시공자들의 이름이 블록체인에 기록된다면, NFT를 통해 누가 어느 부분을 지었는지도 알 수 있다. 수십 년, 수백 년 후에도 사람들이 건물과 NFT를 보며 누가 나사를 조였는지, 누가 페인트를 칠했는지 알 수 있다고 생각해보라. 건축물에서도 시간의 흐름을 느낄 수 있을 것이다.

NFT나 블록체인을 통해 지금까지는 상상도 하지 못한 일들을 새로운 방식으로 해낸다면, 기존과는 표현 방법이 전혀 다른 예술 작품이 등장할 수도 있다.

◦ 구매 후에도 업데이트가 가능한 NFT 전자책 ◦

전자책을 판매한다는 것은 전자책 데이터를 이용할 수 있는 권리를 매매하는 것을 뜻한다. 특히 일정 기간 마음껏 읽을 수 있는 정기 구독은 콘텐츠를 이용하는 권리이므로 타인에게 양도할 수 없고, 소유할 수도 없다. 구독 기간이 종료되면 기존에 읽은 책이라도 다시 읽을 수 없다.

전자책이 NFT로 만들어진다면 소유권을 이동할 수 있기 때문에 다른 사람에게 권리를 양도할 수 있다. 책을 다 읽고 나서도 양도하거나 팔 수 있으므로 종이책과 비슷하게 취급할 수 있으며, 이를 통해 중고 전자책을 사고파는 서비스도 나올 수 있다.

나아가 출간 후에 추가로 내용을 덧붙이거나 내용을 업데이트하는 NFT 전자책이 많아질 수도 있다. 2020년 3월, 주식회사 블록베이스Blockbase와 일본의 출판사 겐토샤Gentosya는 시다라 유스케의 전자책 《계속 추가되는 다다미 인간의 선택》을 NFT로 판매했다.[33] 이 전자책은 2022년 2월까지 정기적으로 내용이 추가되며, NFT로 구매한 사람만 읽을 수 있다. 책을 이미 구매했는데 계속해서 내용이 추가된다니! 잡지를 정기 구독하는 것과 유사한 판매 방법이라 할 수 있다.

NFT 전자책을 구매한 사람은 다른 사람에게 소유권을 양도할 수 있고, 재판매한 금액 일부가 저자나 출판사에 돌아가도록 할 수 있다. 예술 작품뿐 아니라 종이책도 2차 유통(중고거래) 시장이 커지면 저자나 출판사에 수익이 돌아가지 않는 것이 큰 문제인데, NFT 전자책은 이러한 2차 유통 문제를 해결하면서도 구독 형식과 결합할 수 있다.

추후에는 집필 중인 원고를 NFT 전자책으로 판매하고, 이후에 원고를 교정하며 완성하는 식으로 독자들이 전체 과정을 지켜볼 수 있는 NFT 전자책이 나올지도 모른다.

> 칼럼 4 단 한 점이 중요한 그림 vs. 여러 번 이용하는 음악

그림과 음악은 둘 다 창작물이다 보니 비슷해 보이지만, 창작물의 가치를 정하는 방식과 감상하는 방법은 크게 다르다.

그림은 전시회나 박물관에 방문해 실물을 감상하는 것에 가치가 있다. 아무리 아름다운 사진이나 4K 동영상을 보더라도 실제 작품을 직접 접하는 데 큰 의미를 두기 마련이다. 그래서 작품 단 한 점의 가치가 크며, 경매장에서 낙찰가를 경쟁하기도 한다. 아티스트 입장에서는 작품을 한 점만 판매할 수 있으니 얼마나 비싼 가격에 팔리는지가 중요하다.

음악 역시 콘서트장에 방문해 직접 듣는 경험이 가치가 크지만, CD나 다운로드한 음원으로도 충분히 즐길 수 있다. 뮤지션이 제일 처음 한 연주라고 해서 고가에 거래되지는 않는다. 콘서트 횟수가 늘어나더라도 티켓 가격은 내려가지 않는다. 오히려 공연 횟수가 늘어날수록 그만큼 인기가 많다는 증거가 된다. 한 곡당 단가보다 전체 음원을 얼마나 많이 판매했는지, 재생 횟수가 얼마나 많은지에 따라 뮤지션의 수입이 크게 달라진다.

이러한 차이는 NFT의 활용도에서도 큰 차이를 만든다. 그림은 세상에 단 한 점만 존재하므로, 아무리 교묘하게 흉내를 내도 위작과 진품은 가치가 크게 다르다. 디지털 아트도 마찬가지다. NFT를 통해 원본이 인증되면 희소성 때문에 가격이 극단

적으로 올라간다.

이와 달리 음악은 CD와 다운로드한 음원 간에 별 차이가 없다. 뮤지션이 NFT를 통해 특정 음원을 원본으로 인정한다 해도 그림처럼 수억 원에 거래되는 일은 일어나지 않는다. 딱 하나만 존재하는 음악의 가치란 존재하지 않기 때문이다. 그러므로 NFT 음악은 콘서트 티켓처럼 부가적인 혜택을 추가해 판매하기도 하는데, 그림과 비교하면 거래량이 매우 미미한 수준이다.

그림과 음악은 감상하는 방법도 크게 다르다. 그림은 벽에 걸어두기만 하면 누구나 감상할 수 있다. 붓의 세밀한 터치는 물론 어떤 도구를 활용했는지까지 아티스트가 남긴 흔적을 눈으로 직접 확인할 수 있다.

반면 음악은 기록 매체에 음원이 들어 있는데, 녹음된 음악을 재생하려면 CD플레이어나 앰프, 스피커 같은 장치가 필요하다. 또한 음원을 다운로드하려면 컴퓨터나 스마트폰이 필요하다. 게다가 기기에 따라 소리가 들리는 방식이 다른 것도 음악만의 특징이다. 같은 음악이라도 10만 원짜리 CD플레이어에 이어폰을 꽂고 듣는 것과 수백만 원이 넘는 플레이어에 수천만 원짜리 스피커를 연결해 듣는 것은 완전히 다르다. 그래서 오디오에 관심이 많은 이들은 스피커나 앰프는 물론 케이블까지 고가 제품을 사용하기도 한다.

디지털 아트는 미술과 음악의 가운데에 있는 존재였는데,

NFT 덕분에 미술 작품 쪽으로 점점 기울고 있다. 앞으로 음악 분야에서 NFT는 그림처럼 단 한 점이라는 희소성에 높은 가치를 둘지, 부가 혜택이 추가된 음원에 높은 가치를 둘지 주목할 필요가 있다.

NFT를 소각해 새로운 NFT를 손에 넣는
∘'버너블 NFT'∘

지금부터는 NFT가 원본 증명 기능에서 한 단계 더 발전한다면 어떤 길로 나아갈지 생각해보자. 대부분 이제 막 시작한 단계이지만, 앞으로 상상하지 못했던 아이디어와 결합해 순식간에 시장을 확대해나갈 가능성이 있다.

먼저 '버너블 NFT'라는, NFT를 소각해 손에 넣을 수 있는 NFT에 대해 설명하도록 하겠다. NFT는 원본이 어디에 있는지 나타내는데, NFT를 소각하면 원본이라는 증명이 사라지고, 결국 원본과 복제를 구별할 수 없게 된다.

블록체인을 이해하는 사람일수록 NFT를 소각한다는 말이 이상하게 느껴질지도 모른다. 블록체인에 기록된 데이터를 제거(변조)하는 일은 불가능하기 때문이다. 그런 일이 쉽게 가능하다면 블록체인의 신뢰성은 생기지 않았을 것이다. NFT를 소각하는 것은 아무도 접속할 수 없는 주소(아무도 암호를 모르는 주소)에 NFT를 보내 두 번 다시 쓸 수 없는 상태로 만드는 것을 의미한다. 단, 그 주소로 보낸 기록도 남기 때문에 소각되었다는 사실은 누구나 알 수 있다.

버너블 NFT의 사례로, 디지털 아티스트 팍Pak이 운영하는 프로젝트가 유명하다. 팍의 NFT 작품은 2020년 12월 소더비 경매에 출품되어 약 11억 원에 낙찰되기도 했다. 그의 프로젝트에서는 소유하고 있던 NFT 토큰을 소각하면 '애쉬 토큰 Ash Token'을 얻을 수 있다. '애쉬'란 '재'라는 뜻으로, 말 그대로 NFT를 소각해 재가 되었다는 의미다. 팍의 작품뿐 아니라 다양한 NFT를 소각할 수 있는데, 전체 NFT의 공급량 등을 고려하여 소각한 NFT는 애쉬 토큰으로 교환된다고 한다. 이는 소각한 NFT를 어떻게 평가할지 논의를 불러일으켰다.

이렇게 해서 얻은 애쉬 토큰은 팍의 특별한 작품과 교환할 수 있다. 한마디로 다른 NFT 아트를 소각해야 그의 작품을 얻을 수 있는 것이다. 다른 작품을 희생해야만 얻을 수 있는 아트라니! 상당히 도전적인 의미가 강한 프로젝트라 할 수 있다.

◦ 현실 세계의 이벤트와 연동하는 '다이나믹 NFT' ◦

비가 내리는 날에 특정 식당을 방문하면 SNS에서 10% 할인 쿠폰을 받을 수 있는 이벤트가 있다. 이는 비가 내리는 실제 사건과 연동해 쿠폰을 배포하는 방식이다. 동일한 방식을 NFT에 도입하려는 움직임이 바로 '다이나믹 NFT'다.

원래 NFT는 현실 세계와는 관계없이 만들어졌다. 'NBA 톱 샷'도 운영자 측이 경기 영상을 편집하고 전체 수량을 결정해

NFT로 판매한다. 실제 경기에서 점수 차가 어땠는지, 누가 슛을 했는지는 상관없다. NFT는 현실에서 일어나는 이벤트에 좌우되지 않는다.

그러나 다이나믹 NFT는 특정 이벤트가 일어나면 자동으로 NFT를 발행하게 되어 있는데, 실제 현실 세계의 사건에 따라 NFT 발행량 등이 변화한다. 예를 들어 야구 선수 오타니 쇼헤이가 홈런을 치면 자동으로 '오타니 쇼헤이 홈런 NFT'가 발행되는 식이다.

다만, 이를 실현하려면 NFT 시스템만으로는 제대로 굴러가기 어렵다. 현실 세계에서 일어나는 사건을 디지털 세계에 전달하는 다리(브릿지) 역할이 필요하다. 이를 담당하는 것이 '오라클Oracle'로, 현실 세계의 이벤트 정보를 디지털 세계에 제공하는 역할을 한다. IT업계에서 '오라클'이라고 하면 데이터베이스를 구축하는 회사의 이름과 같아 헷갈리기 쉽지만, 그곳과는 아무런 관련이 없다.

오라클을 개발하는 작업은 생각보다 간단하지 않다. 컴퓨터 속 세계, 특히 NFT를 발행하는 블록체인의 스마트 계약에 '오타니 쇼헤이가 홈런을 쳤다'라는 사실을 적용하는 것이 매우 어렵기 때문이다. 인간은 실제로 경기를 보고 그가 홈런을 쳤다는 사실을 금방 알 수 있지만, 컴퓨터는 눈과 귀를 가지고 있지 않다. 그래서 카메라로 촬영한 영상을 분석해 경기장에 서 있는 사람이 오타니 쇼헤이인지 판별하고, 그가 날린 타구 영상을 분석해 홈런인지 확인해야 한다. 심지어 녹화 영상인지, 라이브 영상인지 판별해야 한다. 이러한 구조를 만들려면 막대한 예산이 필요하다.

운영자 측에서 오타니 쇼헤이가 홈런을 친 순간에 직접 수동으로 NFT 발행 버튼을 누르면 되지 않을까 싶겠지만, 다른 선수가 홈런을 쳤을 때 실수로 버튼을 누를 수도 있고, 이미 버튼을 눌렀는데 판정 결과 파울일 수도 있다. 때에 따라서는 그저 오타니 쇼헤이 홈런 NFT가 갖고 싶어 경기가 없는데도 발행할 가능성이 있다.

이런 문제를 해결하기 위해서는 스포츠 뉴스를 내보내는 웹사이트를 여러 개 확인해볼 필요가 있다. 모든 사이트에서 오타니 쇼헤이의 홈런 소식을 전한다면 실제 일어난 이벤트라고 판단하고 블록체인의 '스마트 계약'에 알리는 방식이 현실적이다. 오라클은 한 가지 정보만으로 특정 이벤트가 일어났다고 판단하지 않고, 여러 정보를 참고하여 판단하는 시스템을 구축한다.

다이나믹 NFT의 사례로는 스포츠 팬 토큰을 발행하고 운영하는 '칠리즈'를 들 수 있다. 칠리즈는 FC바르셀로나를 비롯해 여러 축구팀이 축구 경기에서 골을 넣었거나 상대 팀과 점수 차이가 크게 벌어졌을 때 이벤트로 NFT를 발행한다.

다이나믹 NFT는 오라클과 함께 향후 크게 발전할 것으로 기대되며, 미래에는 날씨 등 자연환경도 이벤트 정보로 만들어 기후가 좋을 때 맛있게 자란 채소를 구매할 수 있는 NFT가 발행될지도 모른다.

여러 NFT를 조합해 새로운 가치를 만들어내는
◦ '컴포저블 NFT' ◦

일본 만화가 도리야마 아키라의 작품 〈드래곤볼〉은 세계 여기저기에 흩뿌려진 7개의 드래곤볼을 모으면 신룡이 나타나 소원을 들어준다는 이야기다. 마찬가지로 여러 개의 NFT를 조합해 새로운 가치를 만들어내는 개념이 '컴포저블 NFT'다.

    이해하기 쉽게 설명하면, 온라인 게임의 아이템과 같다. 홍콩의 게임회사 '애니모카 브랜즈Animoca Brands'가 개발한 'F1 델타 타임F1 Delta Time'은 이름 그대로 F1 레이스를 달리며 경쟁하는 온라인 게임이다. 재미있는 사실은 레이스에서 사용하는 레이싱카, 레이서, 장갑 등 아이템이 모두 NFT로 만들어져 있으며, 조합에 따라 순위에 영향을 주는 컴포저블 NFT를 사용한다는 점이다. 어떤 아이템을 장착해야 빨리 달릴 수 있을지 고민하며 적절한 조합을 찾는 재미가 제법 쏠쏠하다.

    컴포저블 NFT는 다양한 아이템에 응용할 수 있다. 예를 들어 12종의 예술 작품을 모두 모아 완성하면 특별하게 제작된 13번째 그림을 볼 수 있도록 만들 수도 있다. 또한 NFT로 만든 영화 티켓을 발행해 전체 시리즈를 관람한 사람을 시사회에 특별 초대할 수도 있다. 물론 지금도 관람한 영화 티켓을 보내 시사회에 응모할 수 있지만, 실제로 본인이 관람한 티켓인지는 확인할 길이 없다. 그러나 NFT와 전자티켓을 조합하면 직접 영화관에 간 사람과 그렇지 않은 사람을 구별할 수 있다.

고가의 NFT 아트를 여러 사람이 소유하는
◦ '파편화 프로토콜 NFT' ◦

엄청난 자산가가 아니고서는 비플의 작품처럼 750억 원에 이르는 NFT를 구매하는 것은 불가능하다. 이렇게까지 극단적인 사례가 아니더라도 수억 원이나 하는 NFT 아트를 개인이 구매하기란 쉽지 않다. 그래서 1개의 NFT를 분할하는 아이디어가 등장했다. 10억 원짜리 NFT 아트 한 점을 NFT 100개로 나누면 개당 1,000만 원 정도로 가격이 낮아져 구매하고자 하는 사람들이 늘어난다. 주식, 투자 신탁 방식과 유사한데, 여러 사람이 돈을 모아 비싼 물건을 구매하는 것과 같다. 이처럼 NFT를 분할하는 방식이 '파편화 프로토콜 NFT'다.

파편화 프로토콜을 사용하는 마켓플레이스로는 중국의 'DODO NET' 등이 있다. NFT를 등록하면 파편화 프로토콜을 통해 여러 개의 NFT로 나뉘어 많은 사람이 동시에 소유할 수 있다. 다만 주식, 투자 신탁과 구조가 비슷하므로 국가에 따라서는 투자 상품으로 보기도 해 법적 규제를 받을 수도 있다. 미국 증권거래위원회 위원인 헤스터 피어스Hester Peirce는 파편화 프로토콜이 투자 상품에 해당할 가능성이 있다고 경고했으며, 앞으로는 증권거래법에 저촉된다고 판단할 수도 있다.

◦ 인스타그램에 추가되는 NFT 기능 ◦

사진을 공유하는 SNS 인스타그램Instagram에 NFT 기능이 추가된다는 소식이 전해졌다.[34] 일명 '컬렉티블Collectibles'이라 불리는 기능으로, 인스타그램 사용자가 사진을 올릴 때 해당 사진을 NFT로 만들 수 있는 기능이다. 아직 자세한 내용은 발표되지 않아 실제로 운용될 즈음 어떤 기능을 사용할 수 있을지는 알 수 없지만, 인스타그램에 커다란 변화가 있을 것이라는 사실은 예상할 수 있다.

현재 인스타그램에 올라오는 사진들은 큰 인기를 얻어 '좋아요'를 수만 건씩 받아도 직접 돈이 들어오지는 않는다. 그러나 사진을 NFT로 만들어 거래할 수 있다면 돈을 지불하고서라도 '좋아요'가 엄청나게 쌓인 사진을 자신의 것으로 만들려는 사람들이 등장할지도 모른다. 어쩌면 인스타그램 덕분에 사람들이 모여들어 NFT 거래가 더욱 활발해질 가능성도 있다. 지금도 인스타그램에서 사람들의 시선을 끄는 콘텐츠는 광고 수입으로 연결되기도 하므로, 인기 있는 사진이 NFT로 만들어진다면 분명 구매를 원하는 사람들이 많이 나타날 것이다.

이처럼 운영 플랫폼에 어떤 식으로든 가치를 제공하는 이용자에게 그에 맞는 보상을 지급하려는 시도가 늘어나고 있다. 마치 아티스트나 뮤지션이 무명 시절부터 끊임없이 응원해준 팬들을 소중하게 여기는 것처럼 말이다. 소수이더라도 꾸준히 사랑을 보내주는 팬이 있으면 한 단계씩 밟고 올라가 유명해지듯, 비즈니스도 오랜 세월 함께해준 고객과의 관계가 무척이나 중요하다.

인스타그램 역시 NFT를 통해 이용자와의 관계를 더욱 돈독하게 만들기 위해 구상을 하고 있는 듯하다. 업로드한 사진이 인기가 많으면 인스타그램에서 광고 수입을 얻을 수 있도록 인센티브를 제공하는 수단으로 NFT를 이용할 수 있다. 이 과정에서 인스타그램과 사용자 간에 새로운 유형의 관계가 생겨날지도 모른다.

참고로 이러한 관계를 '인센티브 혁명'이라 부른다. 앞으로는 기업이 이익을 독점하지 않고 이용자와 함께 나누는 관계를 구축해야 한다. NFT는 세상이 변화하면서 점차 중요한 역할을 담당할 것이다.

◦ NFT 관련 가상통화란 ◦

NFT와는 다르지만 NFT와 관련된 가상통화에 대해서도 알아 두자. 앞서 설명했듯 이더리움의 '스마트 계약'을 이용해 NFT가 등장했으므로, 대부분의 NFT 마켓플레이스에서는 이더리움 기반 블록체인을 이용한다. 다만, 갑자기 이더리움의 인기가 치솟아 일명 '가스 요금'이라 불리는 거래 수수료가 점점 상승했고, 거래 수수료가 가장 비쌀 때는 NFT를 발행하는 데만 수십만 원이 들기도 했다. 그로 인해 작품보다 거래 수수료가 훨씬 비싼 사태까지 벌어졌다.

상황이 그렇다 보니 이더리움이 아닌, NFT에 특화된 블록체인을 개발해야 한다는 목소리가 나오면서 다양한 가상통화가 등장했다. 이렇게 NFT를 목적으로 만든 가상통화를 'NFT 관련 가상통화 종목'이라 부르는데, 대표적으로 '엔진코인', '칠리즈', '폴리곤', '플로우' 등이 있다. 이외에도 약 100종류 이상의 가상통화가 국내외 거래소에 상장되어 있다.

다만, 일본 내 거래소에는 아직 몇 종류만 상장되어 있어 그 외 가상화폐를 거래하려면 해외 거래소를 이용해야 한다. 하지만 해외 거래소에서 직접 계좌를 개설하려면 현지 은행 계좌가 필요하기 때문에 일본에 살면서 시도하기란 결코 쉽지 않다. 그래서 우선 일본의 거래소에서 비트코인이나 이더리움을 구매한 후에 해외 거래소에서 다른 가상통화로 교환해야 하는데, 이 과정은 번거롭기도 하고 수수료도 들어간다. 게다가 해외 거래소는 일본 법률을 적용할 수 없다 보니 문제가 발생해도 대응을 해줄지 미지수다. 문의를 영어로 해야 한다는 점도 기억하자. (한국의 경우, 일본과 달리 대부분의 가상통화거래소에 NFT 관련 가상통화가 상장되어 있다. '빗썸', '업비트' 등 대형 거래소에 앞서 언급한 가상통화가 전부 상장되어 있어 거래가 가능하다.—옮긴이)

NFT 관련 가상통화는 이제 막 시작 단계이기 때문에 앞으로 이들이 주류로 자리 잡을지, 이더리움만 NFT 블록체인으로 남을지 그 누구도 알 수 없다. 심지어 사기를 목적으로 만든 가상통화도 있으므로 주의해야 한다.

◦ 이제는 누구나 할 수 있는 NFT 비즈니스 ◦

이제 NFT에는 디지털 아트의 원본을 증명하는 것 이상으로 다양한 내용이 포함된다는 사실을 이해했을 것이다. 실제로 앞서 소개한 사례 이외에도 다양한 분야에 응용할 수 있다. 일본의 도장 전문 기업 샤치하타Shachihata는 NFT를 활용한 전자인감을 개발했고,[35] 도쿄의 고급 스시집 '스시 와타리'는 가게 이벤트에 참가할 수 있는 티켓을 NFT로 판매했다.[36] 또한 일본의 스타트업 'Urth'는 '스스로 증식하는 건축물'과 NFT를 결합했다(건축회사와 협업해 모듈처럼 쉽게 변형이 가능하며 마치 세포처럼 늘어가는 구조의 가상공간 건축물을 NFT로 판매했다.—옮긴이).[37]

일본에는 'NFT 나루몬미술관(일본 도쿠시마현에 있는 실제 미술관의 구조와 전시 작품을 가상공간에 구현해 작품을 NFT로 제작—옮긴이)'[38], IT회사 '로맨틱재팬'이 출시한 NFT를 갖고 있는 사람만 볼 수 있는 'Vtuber AR 카드(가상 유튜버의 포토 카드를 NFT로 발매하여 AR 기능을 통해 확인 가능—옮긴이)'[39]처럼 매일같이 새로운 시도가 나타나고 있다. 전부 소개하고 싶지만 내용을 일일이 확인할 수조차 없을 정도로 NFT와 관련된 뉴스가 넘쳐난다.

이러한 NFT 비즈니스는 아이디어에 성패 여부가 달려 있다. 게다가 지금은 법적으로 아무런 제재가 없어 누구나 쉽게 비즈니스를 시도할 수 있다는 점에서 얼마 남지 않은 기회라고 할 수 있다. 금융청(한국의 금융감독원과 유사한 금융관리감독 관청—옮긴이)에서도 가상통화 관련 사무 가이드라인 개정안에 따른 공식 의견에서 다음과 같이 답변했다.

'예를 들어 블록체인에 기록된 트레이딩 카드나 게임 내 아이템 등은 1호 가상통화와 상호 교환할 수 있지만, 기본적으로는 1호 가상통화 같은 결제 수단 등은 경제적 기능이 없다고 볼 수 있으므로 2호 가상통화에는 해당하지 않는다고 생각할 수 있습니다.'[40]

즉 NFT는 가상통화가 아니므로 자금결제법에서 정하는 통화 범위에 속하지 않는다는 말이다. (일본은 자금결제법을 통해 통화 종류나 온라인 자금 거래 등을 엄격하게 규제한다.―옮긴이) 아직은 법률에 저촉되지 않으므로 개인 자격으로도 NFT 비즈니스를 쉽게 시작할 수 있다.

그야말로 비트코인이 처음 나왔을 때와 똑같은 상황이다. 2014년 즈음에는 많은 사람이 가상통화를 단순히 게임 포인트 같은 개념으로 생각했기 때문에 특별한 자격이 없는 개인도 가상통화거래소를 열 수 있었다. 그러나 시장 규모가 커지고 마운트곡스 사건(마운트곡스는 2014년 일본에 설립된 가상통화거래소로, 한때 전 세계 비트코인 거래량의 70%를 차지하는 1위 기업이었다. 해킹 사건으로 비트코인 85만 개가 분실되면서 보상 요구가 빗발쳤고 결국 파산했다.―옮긴이)이 발생한 이후 법률이 정비되었다. 그 결과, 지금은 금융청에 설립 신고를 하고 별도로 허가를 받아야 가상통화거래소를 개설할 수 있다. (한국에서는 2021년 9월,

'정보보호관리체계인증'을 제출한 거래소만 원화 거래가 가능하도록 법률이 정비되었다. 규모가 큰 4곳만 인증을 받았으며, 그 외 30여 개 거래소는 폐업했다.—옮긴이)

앞으로는 NFT도 금융청이 모니터링을 강화한다는 이야기가 나오고 있으며, 사업자 단체도 자율 가이드라인을 만들고 있다. 장기적으로는 NFT도 관청 신고나 허가 등이 필요하겠지만, 아직은 다양한 사람을 대상으로 실험적인 시도가 가능하다.

필자의 지인들도 재미있는 NFT 사업을 시도하고 있는데, 비밀 유지 의무 때문에 자세한 내용을 쓸 수는 없지만 종교기관, 문화재 관련 분야 등 다양한 프로젝트가 진행되고 있다. 단, 해당 프로젝트를 NFT로 진행해야 하는 이유나 의미를 제대로 파악하지 못하면 방향성이 어그러질 수 있으니 충분히 고려하고 계획하기 바란다.

◦ 750억 원에 팔린 비플의 작품, 다시 한 번 생각해보자 ◦

지금까지 NFT에 대해 살펴보았는데, 여기서 다시 한 번 750억 원에 낙찰된 비플의 디지털 아트에 대해 생각해보자. 〈매일: 첫 5,000일〉은 비플이 매일 하나씩 제작한 5,000장의 디지털 그림을 이어 붙여 한 장의 디지털 이미지로 만든 작품이다.

앞으로 디지털 아트가 꾸준히 발전할 것이라는 믿음을 갖고 2007년 5월 1일부터 2021년 1월까지 하루도 빠지지 않고 작업한 과정이 참으로 경이롭다. 제작에 들어간 시간과 노력, 체력을 생각하면 고가에 팔린 것이 당연해 보인다. 5,000장의 그림을 모아 한 장으로 집대성한 과정 자체도 디지털 아트이기에 가능했다. 실제 그림을 5,000장이나 이어 붙인다면 너무 거대해 전시가 불가능하지 않았을까?

여기에 NFT가 등장하면서 단 하나뿐인 원본이라는 증명까지 추가되어 디지털 아트만의 새로운 가치를 만들어냈다. 게다가 모든 과정은 블록체인에 기록되기 때문에 수백 년이 지나도 아티스트의 이름과 작품이 남는다. 이 점이 무척 중요한데, 〈매일: 첫 5,000일〉은 세계적으로 화제가 된 만큼 디지털 아트 미술사에서도 빼놓을 수 없는 작품이 되었다. 만약 이 작품이 유화였다면 어땠을까? 수백 년이 흐른 뒤 위작이 나타날 수도 있고, 어느 것이 진짜인지 구별하느라 애를 먹을 수도 있다. 애초에 유화는 100년만 지나도 열화되어 작품이 온전히 보존될지조차 알 수 없다.

디지털 아트는 작품이 망가지지도 않고, NFT 덕분에 수백 년이 흘러도 누구의 작품인지, 어떤 것이 원본인지 확인할 수 있다. 또한 누구의 손을 거쳐 여기까지 왔는지 전부 기록이 남아 있다. 이러한 점을 고려하면 디지털 아트 역사에서 〈매일: 첫

5,000일〉은 크나큰 전환점이 되었으며, 그 의미는 시간이 흐를수록 점점 더 중요해지고 가치 또한 올라갈 가능성이 크다.

그렇다면 이 작품을 낙찰한 사람은 누구일까? 경매를 진행한 크리스티 경매장은 메타코반Metakovan이라는 가명을 사용한 사람이라고 밝혔는데, 나중에 싱가포르 NFT 펀드 운용사 메타퍼스Metapurse의 창업자 비네쉬 순다레산Vignesh Sundaresan이 자신이 바로 메타코반이라는 사실을 공개했다. 그는 인도에서 미국으로 건너간 이민자로, 큰 성공을 거둔 인물이다. 비네쉬 순다레산은 작품을 낙찰한 이유를 묻는 질문에 이렇게 답했다.

"낙찰자를 가명 그대로 유지하고 공개하지 않을 수도 있었지만, 크리스티 경매장과 공동으로 개최한 기자회견에서 일부러 여러 가지 힌트를 남기기로 했습니다. 우리는 이번 낙찰을 통해 인도인은 물론 유색 인종도 예술을 후원할 수 있으며, 가상통화가 기축통화인 앞으로의 세상에서는 서구뿐 아니라 다른 지역도 평등한 권리가 있다는 사실을 보여주고 싶었습니다. 특히 앞으로는 남반구 지역이 새롭게 부상하리라는 사실도 저희에게는 큰 의미가 있습니다."[41]

인도 출신인 그에게 디지털 아트를 낙찰하는 일이 왜 중요했을까? 서양과 인도의 관계를 포함한 국제 정세는 물론, 가상통화로 인해 변화하는 세계 경제, 문화의 축이 바뀌는 현상 등을 고려해야 온전히 이해할 수 있다. 이제 예술 작품을 감상할 때는 이러한 배경까지 이해하는 일이 중요하다.

비네쉬 순다레산은 인터뷰에서 〈매일: 첫 5,000일〉을 향후 가상공간에 설립할 미술관에 전시하고 싶다고 말했다. '혹시 되팔아도 살 사람이 없는 거 아니야?'라고 생각하는 사람이 있을 수도 있는데, 그는 작품을 절대 재판매할 생각이 없다고 한다.

NFT 아트를 구매하거나 아티스트로서 작품을 출품한다면, 부디 폭넓은 시각으로 작품을 바라보고 다양하게 해석해보길 권한다.

정리

- '스마트 계약'은 계약서를 프로그램으로 실행할 수 있도록 만든 것이다. 이를 통해 작품이 재판매되면 원작자에게 매출의 일부가 자동으로 지급되도록 설정할 수 있다.
- 면밀하게 설계된 '해시마스크 프로젝트'에서는 아트 그 자체는 물론, 아트의 명명권과 교환권을 거래할 수 있다.
- 새로운 NFT를 사용하는 방식으로는 NFT를 소각해 새로운 NFT를 손에 넣는 '버너블 NFT', 현실 세계의 이벤트와 연동하는 '다이나믹 NFT', 여러 NFT를 조합해 새로운 가치를 만들어내는 '컴포저블 NFT', 고가의 NFT 아트를 여러 사람이 소유하는 '파편화 프로토콜 NFT'가 있다.
- 아직은 법적 규제가 거의 없으므로 자유롭게 NFT 비즈니스를 시도할 수 있다.
- 비플의 작품은 인도 출신의 부호가 750억 원에 낙찰했는데, 세계의 중심이 서양에서 아시아로 변화한다는 역사적 의미도 크다.

> 칼럼 5 **NFT의 전력 소모는 환경에 나쁘다?**

비트코인을 기반으로 한 블록체인은 10분마다 새로운 블록이 추가된다. 비트코인의 거래 이력은 전 세계에 분산된 블록에 기록되며, 변조할 수 없도록 프로그래밍되어 있다. 이렇게 10분마다 거래 이력을 추가하기 위해 '채굴자'라 불리는 이들이 컴퓨터로 계산을 하는데, 가장 빨리 계산을 끝낸 사람에게는 보상으로 비트코인이 지급된다. 이러한 구조를 '작업증명PoW, Proof of Work'이라 하며, 수많은 사람이 가장 먼저 계산해 보상을 받기 위해 치열하게 경쟁하는 상황이 펼쳐진다.

결과적으로 1등 이외에는 아무런 보상을 얻을 수 없다. 그래서 컴퓨터의 전력이 무의미하게 소모되었다고 이야기하는 사람들이 있다. 여기에만 초점을 맞추면 전기를 낭비하는 셈이니 가상통화는 환경을 파괴한다고 주장하는 사람들의 의견이 설득력 있게 들리기도 한다. 마찬가지로 블록체인에 기반을 둔 NFT도 환경친화적이지 않다는 비판의 목소리가 있다.

언뜻 그럴듯하지만, 만일 블록체인을 사용하지 않고 동일한 시스템을 만든다면 어떤 일이 벌어질까? 금융기관의 데이터 센터를 생각해보자. 은행은 계좌에 들어온 돈을 기록하기 위해 거대한 데이터 센터를 구축하고, 보안을 고려해 다양한 장치를 설치한다. 지진이나 화재 등 재난 상황에서 데이터가 유실되지 않도록 여러 장소에 백업을 해두어야 하며, 정전에 대비해 자가 발전 설비도 갖추어야 한다.

이러한 시스템을 운용하기 위해서는 전문 엔지니어가 필요하고, 이들을 육성하기 위해서는 교육비가 들어간다. 24시간 365일 멈추지 않고 계속 가동하는 시스템을 유지하기 위해 일하는 사람이 결코 적지 않다. 총합해 계산해보면, 전기 요금이나 설비 구축, 인건비 등 기준 잣대에 따라 얼마나 '친환경'에 가까운지 크게 달라진다.

게다가 비트코인을 채굴하는 사람들은 돈을 벌겠다는 목적을 가지고 있는 만큼, 채굴로 얻을 수 있는 비트코인보다 전기 요금이 많이 나오면 적자에 빠진다. 그렇다 보니 조금이라도 저렴한 비용을 들여 비트코인을 채굴하기 위해 직접 수력 발전이나 풍력 발전 설비를 만들기도 한다. 일부러 값비싼 전기를 쓰면서까지 비트코인을 채굴하려는 사람은 없다. 따라서 이들이 전기를 낭비한다고 보기는 어렵다.

채굴은 경쟁(가장 먼저 계산한 사람에게 보상 지급) 시스템이므로 결과적으로 블록체인의 데이터는 전 세계에 분산되어 아무도 변조할 수 없다. 모두가 참여한 계산이 쓸모없는 것이 아니라, 블록체인 시스템을 유지하는 데 필요한 과정이다.

전기는 저장하기 어려운 성질이 있어 축전지 등을 사용해도 효율이 높지 않다. 현재 기술로는 별다른 해결책을 찾지 못한 상황이다. 고효율 축전지를 만들려면 희소금속을 사용해야 하므로 초기에 많은 투자금이 필요하고, 이는 값비싼 전기 요금으로 되돌아온다. 생산한 전기를 저장할 수 없는 만큼, 사람들은 방금 막 발전한 전기를 사용하는 셈이다. 그러므로 전력회사는 전력 수요가 적은 밤에는 발전량을 줄이고, 반대로 전력 수요가 많은 낮에는 발전량을 늘리는 식으로 조정한다. 그렇게 해도 밤에는 전기가 남아돌기 때문에 일반적으로 야간 전기 요금은 저렴하게 설정된다.

하지만 전기 수요를 조정하는 것은 결코 쉬운 일이 아니다. 풍력이나 태양광 발전처럼 자연에너지에 의존하는 발전 방식은 애초에 발전량을 제어할 수 없으며, 다른 발전소의 전체 전력 소비를 예측하며 조금씩 조정할 수밖에 없다. 원자력 발전은 발전량을 조정하기 어려우며, 꾸준히 안정적으로 일정량을 발전하도록 설계되어 있다. 수력 발전은 발전량을 줄일 수는 있지만, 최초 설계된 하천이나 댐의 수량 이상으로 발전량을 늘리는 것이 불가능하다. 결국 인간이 제어할 수 있는 발전 방식은 화력 발전뿐인데, 그마저도 다른 발전소의 발전량 변동(특히 자연에너지 변동)과 소비 전력 수요를 예측하며 조정해야 한다.

만일 밤에 남아도는 전력을 사용해 비트코인을 채굴하는 시스템을 구축한다면, 쓸모없는 전력 낭비를 줄일 수 있다. 최근 기기들은 상시로 인터넷에 연결되어 있으니 시간 순으로 밤이 되면 전력 소비가 줄어드는 나라에서 채굴하는 식으로 구조를 짜면 전기를 효율적으로 사용하면서도 블록체인의 기반을 다질 수 있다.

물론 'PoW'와 같은 채굴 방식은 가상통화와 실제 화폐의 교환 환율, 특히 비트코인의 교환 환율이 높아지면 경쟁이 격화되어 분명 전체 소비 전력이 늘어날 것이다. 비트코인의 교환 환율은 전 세계 전기 요금에 따라 결정된다고 주장하는 전문가까지 있을 정도다. 이러한 사태를 개선하고자 최근에는 PoW가 아닌 또 다른 방식이 떠오르고 있다. 예를 들어 이더리움은 'PoW'에서 '지분증명PoS, Proof of Stake'이라는 방식으로 전환을 시도하고 있는데, 이는 가상통화 보유량이나 보유 기간에 따라 계산할 권리가 우선 부여되는 방식이다. 가상통화를 많이, 오래 가지고 있을수록 계산에 따른 보상을 얻을 수 있는 방식으로, 거금을 오랫동안 계좌에 맡겨놓을수록 이자가 불어나는 것과 비슷하다. 이러한 방식을 사용하면 과도한 계산 경쟁을 막을 수 있다. 참고로 이더리움이 PoS 방식으로 완전히 이행된다면 지금보다 99.95% 낮은 수준으로 전력을 아낄 수 있다는 계산도 있다.[42]

단순히 가상통화나 블록체인이 전기를 낭비한다고 몰아붙이는 것은 빙산의 일각만 보고 전체를 판단하는 것과 다를 바 없다. 에너지 공급은 다양한 이해관계가 복합적으로 얽혀 있으므로 부디 시야를 넓혀 깊이 생각해보기 바란다.

제4장

NFT 마켓플레이스

∘ NFT 마켓플레이스의 시장 규모와 거래 금액 ∘

NFT 거래는 한때 뜨겁게 달아올랐지만, 지금은 조금씩 안정을 되찾고 있다. NFT 관련 시장 데이터를 제공하는 '댑레이더 DappRadar'에 따르면 NFT의 전체 시장 규모는 2021년 1분기 약 1조 3,600억 원, 2분기 약 1조 3,700억 원으로, 완만한 상승세를 보인다는 것을 알 수 있다. 마켓플레이스도 지금까지는 '오픈시'에서 고가에 거래된 작품들이 화제가 되었으나, 최근에는 NFT 기반의 대전형 카드 게임 '엑시 인피니티'의 매출이 오픈시를 뛰어넘기도 했다.

    NFT 마켓플레이스의 전반적인 동향을 알아두어야 NFT시장을 이해할 수 있으므로, 정보를 찾을 때 유용한 주요 마켓을 소개하고자 한다.

▶ 댑레이더

▶ 코인마켓캡

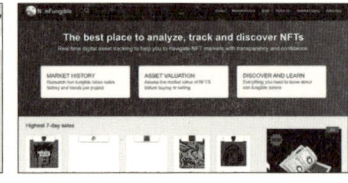
▶ 논펀지블

▶ 크립토슬램

- 댑레이더DappRadar　https://dappradar.com

  분산형 애플리케이션 데이터를 제공하는 사이트. 약 30종류의 NFT 마켓플레이스 데이터를 수집하며, 그 외 블록체인, 게임 등의 데이터를 제공한다.

- 코인마켓캡CoinMarketCap　https://coinmarketcap.com

  가상통화 전체의 다양한 시장 데이터를 제공하는 대표적인 사이트. 가상통화 거래를 하는 사람이라면 반드시 이곳을 확인할 정도로 유명하다. 일부 메뉴는 한국어를 지원한다. NFT시장이 커지면서 NFT 카테고리가 새롭게 추가되었다. NFT 마켓만 해도 350개 리스트가 올라가 있다.

- 크립토슬램CryptSlam https://cryptoslam.io
NFT 마켓플레이스뿐 아니라 팬 토큰 데이터를 수집하는 사이트. 팬 토큰은 축구팀이나 야구팀 등을 응원하고자 팬들이 구매하는 가상통화의 한 종류다. 팬 토큰을 따로 분류해 데이터를 제공하는 곳은 무척 적은 만큼 귀중한 정도가 많다.

- 논펀지블NonFungible https://nonfungible.com
'논펀지블'이라는 이름에 걸맞게 NFT에 관한 다양한 마켓 정보를 제공한다. 한국어 메뉴는 없지만 매일 NFT에 관한 뉴스를 업데이트하며, 정기적으로 NFT시장 보고서를 발행한다. 메일 주소를 등록해두면 보고서를 다운로드할 수 있으므로 관심이 있다면 읽어보기 바란다.

지금부터는 대표적인 NFT 마켓플레이스를 소개하는 동시에, 마켓플레이스에서 작품을 구매할 때와 출품할 때 주의할 점을 이야기하도록 하겠다. NFT 마켓플레이스는 매일같이 새로운 곳이 생기고 있고 운영 규칙 또한 자주 변경되는 만큼, 이용하기 전에 각 서비스에 기재된 이용 규약 등을 잘 읽어볼 필요가 있다.

◦ NFT 마켓플레이스 대표 '오픈시' ◦

2017년에 서비스를 시작한 '오픈시'는 가장 유명한 NFT 마켓플레이스다. 'ERC-721'이 NFT 표준으로 정해진 시기가 2017년이므로, 상당히 빨리

▶ 오픈시

시장을 예측하고 사업을 시작한 셈이다. 얼마 전까지만 해도 이름이 거의 알려지지 않아 존재감이 희미했으나 요즘은 'NFT 마켓플레이스' 하면 오픈시를 떠올릴 정도로 유명해졌다.

오래된 만큼 출품된 작품 수와 거래액이 다른 마켓플레이스를 압도한다. 취급하는 카테고리도 아트뿐 아니라 음악, 도메인 네임, 스포츠, 트레이딩 카드 등 실로 다양하다. 특히 작품을 출품할 때는 최초 등록비만 내면 된다. 그 후에는 작품을 여러 개 올려도 NFT로 전환할 때 별도의 가스 요금(수수료)을 내지

않아도 된다. (참고로 가스 요금은 작품 구매자가 부담한다.)

또한 이더리움, 폴리곤, 클레이튼, 테조스 등 수많은 가상통화를 거래에 사용할 수 있다. 이 점도 출품자가 많은 이유 중 하나다.

◦ 독자적인 가상통화 라리를 발행하는 '라리블' ◦

2019년 11월 서비스를 시작한 '라리블'은 오픈시 다음으로 거래량이 많은 마켓플레이스다. 최근에는 짧은 동영상도 거래 대상에 포함했다. 라리

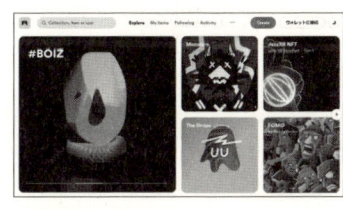
▶라리블

블은 독자적인 가상통화 '라리Rari'를 발행하는데, 라리블에 작품을 출품하거나 구매하면 받을 수 있다. 라리를 가지고 있으면 운영상 정책에 투표를 할 수 있다. 이처럼 이용자와 함께 플랫폼을 키워나가는 정책이 다른 마켓플레이스와 차별되는 점이다.

라리블에서 이용할 수 있는 가상통화로는 이더리움과 랩이더리움('ERC20' 표준에 맞게 포장한 이더리움―옮긴이)이 있다.

◦ 작품을 심사하는 '니프티 게이트웨이' ◦

'니프티 게이트웨이'는 2018년 미국 샌프란시스코에서 시작된 NFT 마켓플레이스로, 2019년 11월 윙클보스Winklevoss 형제가 설립한 제미니Gemini의 자

▶니프티 게이트웨이

회사가 되었다. 윙클보스 형제는 하버드대학교 재학 당시, 페이스북Facebook 창업자로 널리 알려진 마크 저커버그Mark Zuckerberg가 자신들의 아이디어를 베껴 페이스북을 만들었다며 소송을 제기한 사건으로 유명하다. 그들은 소송에서 승소해 받은 배상금으로 비트코인을 사들였고, 그 자금으로 회사를 설립했다.

    니프티 게이트웨이는 작품을 심사하는 만큼 전반적으로 작품 퀄리티가 높다. 심사가 상당히 까다롭다고 알려져 있는데, 특히 저작권 위반 여부를 꼼꼼하게 확인한다. 그래서 작품을 구매하는 사람도 안심하고 거래할 수 있다. 다만, 작품 퀄리티가 높기 때문에 가격이 상당히 높은 편이다. 신용카드 결제가 가능하다는 점도 큰 특징이다.

2차 거래 금액의 10%가 원작자에게 돌아가는 '슈퍼레어'

'슈퍼레어SuperRare'는 2018년에 서비스를 시작한 NFT 마켓플레이스로, 2차 거래 금액의 10%를 원작자에게 돌려주는 시스템을 갖추고 있다. 주

▶ 슈퍼레어

로 예술 작품에 특화되어 있으며, 별도로 작품 심사도 진행하므로 퀄리티에 자신 있는 아티스트들이 출품하는 편이다. 거래되는 상품 수가 많진 않지만, 상당히 고퀄리티 작품들이 출품된다. 작품 거래 시 이더리움을 사용할 수 있다.

탈중앙집권으로 자동화를 꿈꾸는 '자나리아'

'자나리아XANALIA'는 2021년 3월에 론칭한 NFT 마켓플레이스로, 프로그램이 자동으로 거래 및 운영을 진행하며 분산 처리를 목표로 한다. 2021

▶ 자나리아

년 4월 일본의 한 리서치업체가 실시한 조사에서 '향후 기대되는 NFT 마켓플레이스 1위' 등 3관왕을 차지했으며, 댑스Dapps의 정보에 따르면 론칭 4개월 후에 '전 세계 거래 금액 순위'에서 8위[43]를 차지할 정도로 급속하게 성장했다.

또한 '밀라노 패션위크 2021'에서 개최한 가상 패션쇼 NFT를 전담했으며, 가츠시카 호쿠사이(일본 에도시대 목판화가—옮긴이)의 작품 〈후가쿠36경冨嶽三十六景〉을 NFT 아트로 출품하는 등 점차 활동 반경을 넓히고 있다.

취급하는 가상통화로는 바이낸스 스마트 체인BSC, 폴리곤이 있으며, 신용카드 결제도 가능하다.

◦ 아티스트 등록제로 운영하는 '나나쿠사' ◦

'나나쿠사'는 2021년 4월에 서비스를 시작한 아티스트 등록제 마켓플레이스로, 누구나 자유롭게 작품을 출품할 수

▶나나쿠사

없다. 아티스트로 활동한 이력을 심사하므로 구매자 입장에서는 안심하고 작품을 구매할 수 있다. NFT 아트 열람을 제한하는 기능이 있어 구매한 사람만 볼 수 있는 전자책 같은 것도 출

품할 수 있다. 이러한 기능은 앞으로 더욱 주목받을 것으로 예상된다. 사용 가능한 가상통화는 이더리움과 폴리곤이다.

◦ 가상통화거래소가 운영하는 '코인체크 NFT 베타(β)' ◦

2021년 3월에 서비스를 시작한 '코인체크 NFT 베타'는 가상통화거래소 '코인체크'가 운영하는 마켓플레이스다. '크립토스펠즈CryptoSpells'나 '더 샌드박스The Sandbox' 같은 블록체인 기반 게임의 NFT 아이템을 거래할 수 있다.

▶ 코인체크 NFT 베타

가상통화거래소가 운영하므로 비교적 안심하고 거래할 수 있어 불과 일주일 만에 1만 2,000명이 사용자 등록을 했다. 이곳에서는 NFT를 구매할 때 가스 요금(수수료)을 내지 않아도 된다. 다만, 다른 곳으로 NFT를 이동하려면 수수료를 내야 하므로 주의해야 한다. 이더리움, 비트코인 등 10종류 이상의 다양한 가상통화를 사용할 수 있다.

주요 마켓플레이스의 특징과 사용 가능한 가상통화

▶ 오픈시 https://opensea.io
특징: 2017년에 서비스를 시작한 유서 깊은 마켓플레이스로, 출품된 작품 수와 거래량 모두 세계에서 가장 많다.
사용 가능 가상통화: 이더리움, 폴리곤, 클레이튼, 테조스 등

▶ 라리블 https://rarible.com
특징: 예술 작품이 메인이며, 독자적인 가상통화 '라리'를 발행한다. 라리를 가지고 있으면 플랫폼 운영에 참여할 수 있다.
사용 가능 가상통화: 이더리움, 랩이더리움

▶ 니프티 게이트웨이 https://niftygateway.com
특징: 심사가 엄격해 퀄리티가 높은 작품이 많다.
사용 가능 가상통화: 이더리움, 신용카드

▶ 슈퍼레어 https://superrare.com
특징: 예술 작품에 특화되어 있다. 2차 거래 시 거래 금액의 10%를 원작자에게 돌려준다.
사용 가능 가상통화: 이더리움

▶ 자나리아 https://xanalia.com
특징: 분산형 시스템을 통해 완전 자동화를 목표로 하는 차세대 마켓플레이스로, 급속하게 인기가 상승하고 있다.
사용 가능 가상통화: 바이낸스 스마트 체인, 폴리곤, 신용카드

▶ 나나쿠사 https://nanakusa.io
특징: 아티스트를 심사하므로 안심하고 작품을 구매할 수 있다. 구매한 사람만 열람할 수 있는 제한 기능이 있다.
사용 가능 가상통화: 이더리움, 폴리곤

▶ 코인체크 NFT 베타 https://coincheck.com/ja/article/458
특징: 가상통화거래소 코인체크가 운영하는 마켓플레이스로, 게임 아이템이 메인이다. 구매 시 수수료가 들지 않는다.
사용 가능 가상통화: 이더리움, 비트코인 등 10종류 이상

칼럼 6) 돈과 아트, 그리고 디자인

'아트'와 '디자인'의 차이를 말로 표현하는 것은 사실 모호한 부분이 있다. 아티스트가 상업 제품의 패키지 디자인을 맡기도 하고, 스스로 디자이너라 칭하는 사람이 예술 작품을 제작하기도 한다. 외부에서 보면 이 두 가지가 어떻게 다른지 쉽게 파악하기 어렵다. 최근에는 업무도 디자인이라고 표현하기도 하고, 행위나 과정에서 아트 요소를 추구하기도 한다. 상황이 이러하기에 점점 해석의 여지가 넓어지는 느낌이다.

그럼 다시 한 번 생각해보자. 우선 '아트'는 창작자의 생각이나 가치관을 표현하고자 하며, 수용하는 쪽에 어떤 형태로든 충격을 준다. 아티스트는 작품에 자신이 전달하고자 하는 메시지를 담고, 감상자는 작품을 보며 메시지나 철학, 그리고 아티스트 내면의 생각 등을 해석한다. 명확한 해답은 없지만, 아티스트가 감상자에게 질문을 던지는 작품도 있으며 시대에 따라 해석이 달라지기도 한다.

'디자인'은 특정 과제를 해결하는 것이 목적이며, 상대방에게 새로운 해결책을 제안한다. 가전 디자인을 생각해보면 이해하기 쉽다. 스위치의 위치나 형태, 전원이 들어왔을 때 램프 색깔 등 사용자가 잘못 이해하지 않도록 누구에게나 같은 메시지를 전달한다.

이처럼 아트는 수용자에 따라 해석과 의미가 달라지지만, 디자인은 누구나 똑같이 해석할 수 있도록 만든다는 점이 크게 다르다.

여기에 가격이라는 잣대를 놓고 생각해보자. 아트는 수백억 원에 이르는 가치를 만들어내지만, 디자인은 디자인 자체의 가치보다는 제품이나 서비스의 가격이 밑바탕이 되며 그 안에 디자인의 가치가 포함된다.

일본에서는 아트보다 디자인에 높은 가치를 두는 경우가 많은데, 세계 아트시장에서 일본이 차지하는 비중은 3%에 불과하다. 반면 디자인의 경우, 일본 제품은 국내에서는 물론이고 해외에서도 인기가 많다. 아트가 아닌 디자인에 돈이 지출되는 셈이다.

다만, 이러한 경향은 애니메이션 콘텐츠 덕분에 조금씩 변화하고 있다. 애니메이션은 디자인보다는 일종의 예술 작품으로 봐야 한다. 이렇게 의식이 바뀌면 해외에서 애니메이션을 일종의 아트로 판매할 수 있으며, 그에 따라 시장 규모가 완전히 달라질 수 있다. 셀화 한 장도 예술 작품으로 보기 시작하면 가격표에 붙는 자릿수가 달라질 가능성이 크다.

NFT 덕분에 세계 아트 애호가들과 직접 맞닿을 기회가 마련되었다. 현재 일본은 아트를 이해할 수 있는 국가일까? 그렇지 않다면 지금까지 그랬던 것처럼 디자인을 축으로 삼은 채 5년 후, 10년 후 크게 달라진 세상을 마주할지도 모른다. NFT는 디자인이 아니라 아트의 가치를 높이는 기술이므로 앞으로 어떻게 해외시장에 진출할지 지켜볼 필요가 있다.

◦ NFT 마켓플레이스에서 작품 구매 시 주의할 점 ◦

NFT 마켓플레이스에서 NFT 아트 등을 구매할 때 어떤 점을 주의해야 할까? 아무리 귀찮아도 매매 조건을 꼼꼼하게 체크해야 한다. 소유권을 판매한다는 것은 문자 그대로 무언가를 판다는 뜻인데, 어떤 것에 대한 소유권인지 자세하게 확인해야 한다.

또한 전매 조건이나 금지 사항 등 별도의 조건이 있는지 살펴봐야 한다. 가격이 상승해 전매하려고 하는데 여러 가지 조건이 붙어 있으면 머리가 아프다. 기한이 한정된 소유권이 있을 수도 있으므로 별도로 설정된 조건이 없는지 확인하는 것은 필수다. NFT 마켓플레이스는 앞으로 시장이 커질 가능성이 크다. 목적을 가지고 접근하는 사람이 있을 수도 있으니 항상 조심해야 한다.

특히 NFT 마켓플레이스에서 ID나 패스워드로 사용하는 '메타마스크'로 접속한다면, ID와 패스워드, 비밀번호 확인용 문구 등을 절대로 잊어버리지 않도록 메모해두어야 한다. 이를 잊어버리면 구매한 NFT 아트를 재판매할 수 없다. 이러한 정보는 마켓플레이스를 운영하는 회사에서도 확인할 길이 없으므로 반드시 본인이 잘 관리해야 한다.

◦ NFT는 출품만 하면 팔릴까 ◦

"NFT는 출품하기만 하면 바로 팔리는 거 아닌가요?"라고 묻는 사람이 많다. 필자는 그런 질문을 받을 때마다 단호하게 "아니요"라고 대답한다. NFT로 만든다고 뭐든 잘 팔리는 것은 아니다. 2020년만 해도 마켓플레이스에 출품된 작품 수가 적었기 때문에 그런 일이 일어나기도 했지만, 요즘에는 매일같이 새로운 NFT 마켓플레이스가 탄생하고 있고 전 세계에서 수많이 작품이 출품된다. 이런 와중에 이름이 알려지지 않은 아티스트가 작품을 출품해봤자 아무도 거들떠보지 않을 뿐만 아니라, 출품된 사실조차 전혀 알려지지 않는 경우도 있다. 유튜브에 동영상을 업로드했는데 조회 수가 전혀 늘어나지 않는 것과 마찬가지다.

마켓플레이스 중에서도 '니프티 게이트웨이'나 '나나쿠사'처럼 사전에 심사가 이루어지는 곳이라면 누군가 진가를 알아볼지도 모른다. 그러나 애초에 심사를 통과할 정도로 고퀄리티의 작품을 만들어낸다면 이미 팬도 많고 판매 실적도 뛰어나지 않을까?

NFT 마켓플레이스는 팬을 대신 모아주지 않는다. 작품을 출품할 장소를 제공할 뿐, 거래에 별다른 도움을 주지 않는다. 그러므로 아티스트가 작품을 팔기 위해 스스로 마케팅을 공부하는 등 부단히 노력해야 한다. 팬을 만들고, 팬들에게 정보를 공유하고, 꾸준히 좋은 관계를 만드는 것은 기본 중에 기본이다.

이번 장 마지막 칼럼에 NFT 마켓플레이스에서 조심해야 할 몇 가지를 설명하고자 한다. 구매자는 물론 작품을 출품하는 아티스트에게도 중요한 내용이니 반드시 짚고 넘어가기 바란다.

◦ 원본이 가짜일 수도 있다? ◦

NFT는 무척 재미있는 기술이다. 복제를 해도 원본과 구별되지 않는 디지털 세계에서 처음으로 원본을 표시하는 방법을 제안했다. 게다가 블록체인에 기록되기 때문에 100년 후, 200년 후에도 해당 작품이 누구의 것인지, 어떤 데이터가 원본인지, 지금까지 누구의 손을 거쳤는지 등을 모두 알 수 있다. 매우 획기적이지 않은가? 그런데 마냥 기뻐할 수는 없다. 자세히 들여다보면 여러 가지 과제가 남아 있다. 많은 사람이 착각하는 부분을 포함해 하나씩 알아보자.

우선 가장 큰 과제는 NFT를 통해 원본이 어디에 있는지는 알 수 있지만, 애초에 그 데이터가 '진짜'가 아닐 수도 있다는 점이다. NFT 마켓플레이스에는 누구나 작품을 등록할 수 있다. 게다가 현시점에서는 본인 확인조차 필요하지 않다. 그러므로 누군가의 작품을 복제해 자기 작품인 것처럼 거짓말로 등록할 수 있다. 앞서 여러 차례 이야기했듯, 디지털 데이터인 만큼 복제해도 원본과 완전히 똑같다. 실제 유화나 조각 작품과 달리 아무리 데이터를 확인해도 원본인지 가짜인지 구별할 수 없다. 상황이 이러하면 등록된 정보를 믿을 수밖에 없다.

경매시장의 양대 산맥 크리스티 경매장과 소더비는 실수로라도 모조품을 출품하면 신뢰도가 크게 떨어지므로 사전에 작품을 매우 신중하게 확인한다. 갤러리도 마찬가지다. 작품마다 아티스트를 확인해 어떤 경위로 작품이 여기까지 이르렀는지 꼼꼼하게 확인한다.

NFT 마켓플레이스는 그나마 오래된 '오픈시'조차 2017년에 문을 열었다. 게다가 오픈시는 아트업체가 아닌, 가상통화의 연장선이라 할 수 있는 블록체인 기술을 갖춘 IT 기업일 뿐이다. 이러한 점 때문에 작품을 등록할 때 진위를 확인할 수 없는 문제가 그대로 남아 있는 상황이다.

최근에는 작품을 등록할 때 심사를 하는 NFT 마켓플레이스도 있는데, 대부분은 아직 그런 심사 절차가 없다. 앞으로는 작품을 등록할 때 가상화폐거래소처럼 본인 확인 절차를 밟아야 할지도 모른다.

원본 데이터 분실?

NFT는 예술 작품의 원본 데이터가 어디에 있는지 표시한다. 예술 작품은 NFT 마켓플레이스에 표시되지만, 실제 데이터는 마켓플레이스에 있고 블록체인이나 NFT에는 저장되지 않는다. 현실 세계의 예술 작품도 작품과 감정서가 따로 있는 것처럼, 디지털 아트의 데이터와 증명서 격인 NFT는 별개의 존재다. NFT는 블록체인을 통해 100년, 200년이 지나도 거래 기록을 볼 수 있지만, 오랜 시간이 지난 후에도 NFT가 가리키고 있는 장소에 마켓플레이스가 계속 존재할지는 의문이다.

이러한 문제를 해결할 아이디어 중 하나로 'IPFS InterPlanetary File System(분산형 파일 시스템)'가 주목받고 있는데, 이는 블록체인처럼 여러 컴퓨터에 자료를 분산해 저장하는 시스템이다. 이것이 널리 퍼진다면 마켓플레이스와는 상관없이 디지털 데이터를 저장할 수 있다. 다만, 블록체인보다 무척 방대한 데이터를 저장해야 하기 때문에 데이터를 전부 저장할 수 있을 정도의 디스크를 인터넷상에 준비할 수 있는지가 중요하다. 또한 인터넷에 지금보다 훨씬 많은 양의 데이터가 오가므로 그에 맞는 회선 용량이 충분한지 검토해야 하는 등 해결해야 할 과제가 쌓여 있다.

◦ 법으로 정해져 있지 않은 디지털 데이터 소유권 ◦

디지털 아트에도 원본이 있고, NFT를 통해 소유권을 거래할 수 있다고 이야기했다. 분명 논리적으로는 그렇다. 하지만 아직 법적으로는 '디지털 소유권'이라는 항목을 인정받지 못했다. 정확하게 따져보면 소유권이란 자동차나 집, 토지, 옷과 같은 '유체물'에만 존재하는 권리로, 디지털 데이터와 같은 '무체물'은 소유권을 인정받을 수 없다.

그럼 전혀 의미가 없을까? 그렇지 않다. 가상통화를 지불하고 거래했으므로 매매 계약을 할 때 무엇을 양도하는지, 어떤 것은 양도하지 않는지 명확하게 기재해야 한다. 또한 부가적인 내용이지만, 작품이 전매되는 경우 원작자는 매매 계약 당사자가 아니다. 그러므로 전매 조건 등을 미리 세세하게 정해두고 어떠한 조건하에서 전매할 수 있는지 명기해둘 필요가 있다.

그런데 NFT 아이템을 출품하는 아티스트들도 이런 내용에 대해서는 의견이 나뉜다. 예를 들어 일본 작가 무라카미 다카시는 '오픈시'에 작품을 출품했다가 취소하기도 했다.[44] 원래 그는 자신의 작품 〈108 Earthly Temptations〉를 오픈시에 올리고 2021년 4월 7일부터 5일 동안 경매를 진행하려고 했다. 그러나 경매가 끝나기도 전에 출품을 취소하고, 자신의 인스타그램에 다음과 같이 사과문을 올렸다.

"NFT의 장점을 살려 컬렉터 및 오너 여러분의 편의성을 고려하고, 안전한 방법으로 최대한 만족스럽게 작품을 소유할 수 있도록 깊이 고민했습니다. 작품의 콘셉트를 생각하면서 'ERC-721이나 ERC-1155의 장단점을 고려한 선택', '독자적인 스마트 계약 여부', '자체 스토어프론트 구조 여부', 'IPFS 여부', 그 외 다양한 테마에 대해 신중한 검토와 논의를 거쳐 지금보다 최적화된 형태로 NFT를 제공하는 것이 좋을 것 같다고 판단했습니다."

어려운 용어가 등장해 당황했을 독자들을 위해 조금 이해하기 쉽게 설명해보도록 하겠다. 'ERC-721이나 ERC-1155의 장단점'은 NFT 마켓플레이스에서 거래하는 순서의 차이를 뜻한다. 간단히 말하면 'ERC-721'은 NFT 아이템을 하나씩 거래하는 방법이며, 'ERC-1155'는 여러 NFT 아이템을 한 번에 거래하는 방법이다. 마켓플레이스에 따라 채택한 방식이 다르므로 어느 쪽이 구매자나 아티스트에게 좋을지 검토가 필요하다는 말이다.

'독자적인 스마트 계약'은 NFT 마켓플레이스의 매매 계약을 따르지 않고 독자적으로 거래 내용을 정한다는 뜻이다. 그렇게 결정한 거래 내용에 따라 스마트 계약을 통해 프로그램을 만들고, 블록체인에 기록한다는 의미다. NFT를 특정 마켓플레이스에서 판매한다면 마켓플레이스가 미리 정한 거래 계약에 따른다는 의미이기도 하다. 이러한 규약 중에 구매자나 아티스트에게 불리한 내용은 없는지 신중하게 검토해야 한다는 말이다.

'자체 스토어프론트'는 NFT 마켓플레이스를 자체적으로 만드는 편이 좋겠다는 이야기다. 앞서 언급한 '스마트 계약'과도 관련이 있는데, 자체적으로 거래 계약을 한다면 마켓플레이스도 자사에서 직접 운영한다는 뜻이 된다.

마지막으로 'IPFS'는 앞서 설명했듯 원본 데이터가 사라지지 않도록 인터넷상의 분산 저장소에 저장하는 것을 뜻한다. 만약 마켓플레이스가 서비스를 종료한다면 마켓플레이스에 저장된 데이터 역시 사라질 위험성이 있는 만큼, 다른 곳에 옮길 방법은 없는지, 그렇지 않다면 'IPFS'를 사용해야 하는지 검토가 필요하다는 말이다. 이는 실로 어려운 문제다. 100년 후, 200년 후에도 감상할 수 있는 예술 작품을 고려한다면 어느 방법이 최선일지 좀처럼 결론을 내기 힘들다.

이처럼 디지털 작품의 거래 방법이나 NFT의 기술적인 요소를 함께 고려하다 보면, 어떻게 하면 구매자에게 예술 작품의 소유권을 적절하게 넘길 수 있을지, 무라카미 다카시의 작품 콘셉트, 그리고 제공 방법과 NFT가 어울릴지 쉽게 판단하기 어렵다. 여러 명의 변호사와 법적 근거도 논의했다고는 하나, 여러 방면에서 검토해야 하는 만큼 모든 조건을 충족하기는 상당히 어려울 듯하다.

디지털화가 빠르게 진행되면서 법이 현실을 쫓아가지 못하는 상황이다. 가상통화와 관련된 법이 있더라도 아직 다양한 상황에서 적용하기 어려운 부분도 많고, 때에 따라 해석이 바뀌기도 한다. 게다가 이제 막 등장한 NFT는 심사 연구 단계에 있다. 법에 명시될 때까지는 어떤 대상을 거래하는지 법적으로 명확히 할 수 없겠지만, 그렇다고 해도 계약서를 꼼꼼하게 기재해야 한다. 구매하는 쪽이라면 아무리 귀찮아도 매매 조건을 정확하게 읽어보기 바란다.

정리

- 2017년에 오픈한 마켓플레이스 '오픈시'는 출품된 작품 수와 거래액이 가장 많다. 출품할 때 수수료가 들지 않는다는 특징이 있고, NFT 아트 외에도 다양한 NFT를 다룬다.
- 독자적인 가상통화 '라리'를 발행하는 '라리블'은 사용자가 플랫폼 운영에 참여할 수 있다는 독특한 특징이 있다.
- '니프티 게이트웨이'는 작품 출품 시 심사 과정이 있어 작품 퀄리티가 높으며, 결제 시 신용카드를 사용할 수 있다.
- '자나리아'는 탈중앙집권 및 자동화가 목표다.
- '나나쿠사'는 일본에 기반을 둔 NFT 마켓플레이스로, 작품 출품 시 심사 과정을 거쳐야 하며 구매한 사람만 NFT를 열람할 수 있는 제한 기능이 있다.
- NFT 마켓플레이스에서 작품을 구매할 때는 계약 조건 등을 꼼꼼하게 확인해야 한다.
- 작품을 출품하기만 하면 판매가 되는 시기는 이미 지났다. 본격적인 마케팅이 필요하다.
- NFT 마켓플레이스는 출품된 작품이 진짜인지 가짜인지 판단할 수 없다는 단점을 가지고 있다.
- 마켓플레이스가 없어지면 원본 데이터가 사라질 수도 있다.
- 아직 법은 디지털 데이터 소유권을 인정하지 않는다.

> 칼럼 7   **NFT 마켓플레이스는 안전한가**

처음에는 무엇이든 거래할 수 있는 NFT 마켓플레이스가 대부분이었지만, 최근에는 예술 작품이나 애니메이션 등 특정 장르에 특화된 마켓플레이스가 늘어나고 있다. 비트코인이 급속하게 확대되던 시기와 똑같은 상황이라 할 수 있다.

많은 사람이 각 마켓플레이스가 얼마나 안전한지 걱정하고 있다. 지금 이 책을 쓰고 있는 동안에도 NFT 마켓플레이스 중 가장 오래되고 가장 널리 알려진 '오픈시'에서 프로그램 오류로 1억 1,000만 원어치의 NFT 아이템이 소각되는 사건이 발생했다.[45] 오픈시에서 도메인 네임을 출품했는데, 출품용 주소가 아닌 소각용 주소로 잘못 송신해 이러한 일이 벌어졌다. 소각용 주소는 그 누구의 소유도 아니다. 아무도 접근할 수 없는 주소이므로 이곳에 한 번 송신된 아이템은 그 누구도 건드릴 수 없다. 그 결과, 거래가 불가능해 '소각'이라는 표현을 쓰는 것이다.

사실 오픈시는 2019년 9월에도 프로그램 오류 때문에 경매에 올라간 도메인 네임의 소유권이 최고가를 쓰지 않은 인물에게 넘어간 사건도 있었다.[46] 당시에는 NFT를 아는 사람이 극히 일부이기도 했고, 소유권을 얻은 사람이 곧바로 반환했기에 큰 소동으로 이어지지는 않았다.

일본에 거점을 둔 마켓플레이스 '나나쿠사'도 최근 해킹을

당해 NFT 아이템을 도난당하는 사건이 발생했다.[47] 다행히 도난당한 NFT 아이템은 모두 반환되었으나 앞으로 어떻게 도난에 대처할지 이목이 집중되고 있다.

아직까지 NFT 마켓플레이스는 새로운 서비스이므로 상상하지도 못한 곳에 함정이 도사리고 있다. 비트코인도 2014년에 '마운트곡스 사건'[48]이 발생한 후 크게 변화했다. 마운트곡스는 일본 도쿄에 본사를 둔 가상통화거래소로, 한때 전 세계 비트코인 거래량의 70%를 점유할 정도로 거대한 규모를 자랑했다. 그런데 이곳에서 당시 환율로 4,700억 원에 이르는 비트코인이 도난당하는 엄청난 사건이 발생했다. 마운트곡스는 세계 최대 규모의 거래 서비스를 제공하고 있었지만 보안 체계가 허술했고, 급격한 성장 탓에 주먹구구식으로 경영되었다는 사실이 밝혀져 큰 혼란이 일어났다. TV에서는 국내외 마운트곡스 이용자들이 도쿄 사무실 앞에 모여 항의하는 모습이 실시간으로 방영되었다. 이 사건 이후 가상통화와 관련된 법적 규제와 운영 가이드라인이 정해졌고, 이용자가 주의해야 할 사항도 널리 알려졌다.

NFT 마켓플레이스도 점차 법적 규제와 운영 가이드라인이 생길 것이고, 그로 인해 안정성이 높아질 것이다. 그 전까지는 고가의 NFT 아이템을 거래할 때 각종 리스크를 고려해 신중하게 마켓플레이스를 이용할 필요가 있다.

제5장

미래의 NFT 비즈니스

∘ 불과 10년 만에 격변한 세상 ∘

지금까지 넓은 시각에서 현재 진행 중인 NFT의 최신 동향을 살펴보았다. 이러한 기술은 매일같이 변화하고 있어 집필하는 중에도 계속해서 새로운 이야기가 등장해 쫓아가느라 벅찰 정도였다. 이번 장에서는 현재뿐 아니라 3년 후, 5년 후 NFT가 널리 정착한 세상을 상상해보자. 마치 공상과학 소설 같은 내용도 등장하겠지만 사실 머나먼 미래가 아니라 코앞에 닥친 이야기일지도 모른다.

    2007년 애플은 아이폰을 발표했다. 그로부터 10년이 지난 2017년에는 스마트폰 보급률이 70%를 넘어섰다. 불과 10년 만에 70%가 넘는 사람들이 스마트폰을 사용하고 있다는 뜻이다. 2008년 나카모토 사토시는 비트코인에 대한 논문을 발표했다. 그로부터 10년이 지난 2018년 비트코인을 지원하는 기술인 블록체인의 시장 규모는 3,000억 원을 돌파했다. NFT는 2017년에 출시되었는데, 그렇다면 10년이 지난 2027년에는 어떤 세상이 펼쳐질까? 우선 NFT와 밀접한 관련이 있는 두 가지 기술에 대해 알아보자.

첫 번째 기술은 '댑스'로, 블록체인을 응용한 애플리케이션을 뜻한다. 블록체인 게임도 댑스에 속한다. 이 기술 덕분에 블록체인에 정보를 기록하면서 다양한 용도로 활용할 수 있다. NFT와 결합하면 특정 게임에서 손에 넣은 NFT 아이템을 다른 게임으로 옮겨서 쓸 수 있다. 미래에는 NFT 아트를 가상공간의 전시장에 대여할 때 댑스를 사용할 수 있다.

두 번째 기술은 '디파이Defi'로, 분산형 금융을 의미한다. 간단히 설명하면 돈을 빌리거나 빌려주는 과정을 프로그램이 자동으로 처리하는 시스템이다. 이 기술은 가상통화의 스마트 계약을 기반으로 움직이는데, 지금까지 은행이 담당하던 자금 대출 관리를 프로그램이 자동으로 처리하며, 전체 과정을 분산화해 별도로 관리하지 않아도 자동으로 운영한다. 이러한 기술이 NFT와 결합하면, 소유한 NFT 아트를 담보로 비트코인을 빌리는 식으로 은행이나 사람을 통하지 않고도 대출이 가능해진다.

NFT는 앞서 언급한 두 가지 기술과 함께 사용되면서 다양한 용도로 뻗어나갈 수 있다. 블록체인을 기반으로 다른 기술들이 결합되면 지금까지와는 완전히 다른 분야에서 응용될 가능성이 무궁무진하며, 세상은 순식간에 격변할 것이다.

또 한 가지 중요한 트렌드는 앞으로의 세상이 점차 분산형 시스템으로 변할 것이라는 점이다. 지금까지는 중앙집권형 시스템이었기에 거대한 컴퓨터나 데이터베이스를 기반으로 모든 정보를 통제하고 관리했다. 하지만 이러한 방식도 결국 인간이 관리해야 한다는 점에서 한계에 부딪히기 시작했다. 게다가 재해가 닥쳤을 때 백업 대책을 생각한다면 한곳에 정보를 집중하는 것보다는 여러 장소에 분산하는 편이 리스크를 줄일 수 있다.

이러한 점들을 이해한 뒤에 3년 후, 5년 후 미래를 상상해보는 일이 중요하다.

◦ 해시마스크 모델을 응용하면 어떤 일이 일어날까 ◦

해시마스크 프로젝트는 많은 사람의 관심을 끌며 커뮤니티까지 생겼는데, 이후에도 계속 화제를 불러일으키며 그야말로 활발하게 굴러가고 있다. 3장에서 이미 설명했지만, 간단하게 다시 짚고 넘어가자.

해시마스크의 전제 조건은 많은 작품을 가지고 있으면서 작품들을 조금씩 판매할 수 있다는 것이다. 게다가 NFT 아트를 소유하기만 해도 작품에 제목을 붙일 권리와 교환할 수 있는 코인이 매일 발행되며, 그림이 질리면 반납하고 새로운 그림으로 교환 가능한 코인을 얻을 수도 있다. 디지털 아트 자체도 팝 요소가 강해 눈길을 끄는데, 마스크를 쓴 사람들의 상반신처럼 컬렉션으로도 훌륭한 작품이 많으니 다양하게 비교하며 나만의 취향을 찾아보는 건 어떨까?

이 프로젝트를 힌트 삼아 지역 경제에 활력을 불어넣을 아이디어를 다양하게 상상해보았다. 수도권이 아닌 지방 자치단체는 대부분 재정난으로 고생하고 있다. 상황이 그렇다 보니 지역 상권을 살리기 위해 특정 지역에서 쓸 수 있는 상품권을 나누어 주기도 하고, 고향 납세 정책(특정 지역의 특산품을 구매하면 세금을 감면해주는 일본의 경기부흥책—옮긴이) 때문에 지역 특산품을 만들어내는 데 온 힘을 쏟기도 한다. 뿐만 아니라 팔 만한 물건이 없을까 고민하다 지역에 새로 건설하는 다리 이름을 지을 권리까지 판매하는 실정이다.

이렇게 지역마다 따로따로 정책을 펼치다 보면 모두 엇비슷해 보여 눈길을 끌 수 없다. 그래서 앞서 언급한 해시마스크 프로젝트의 아이디어를 빌려 다양한 가능성을 찾아보고자 한다.

먼저 지역 상품권의 경우, 가상통화 시스템을 이용해 다른 지역에 사는 사람들도 사용할 수 있게 한다. 그렇게 하면 관심이 있는 사람들이 구매할 가능성이 있다. 그리고 그들이 구매한 지역 상품권 가상통화를 사용하도록 지역 특산품을 온라인으로 판매할 수도 있고, 마을 풍경, 일출, 석양 등 지역에서 촬영한 사진을 NFT로 만들어 판매할 수도 있다. 지역 주민 중에 그림 그리기를 좋아하는 사람이 있다면 직접 그린 그림을 스캔하거나 처음부터 디지털로 그려 출품하는 방식도 생각해볼 수 있다.

새로 건설하는 다리의 이름을 지을 권리도 기간을 한정해 NFT로 판매할 수 있다. 예를 들어 기간을 2021년, 2022년처럼 1년 단위로 나누어 일정 기간 동안 사용할 이름을 지을 권리를 NFT로 판매한다. 이를 경매 형식을 빌려 NFT 마켓플레이스에 출품할 수도 있다. 낙찰자는 구매한 NFT를 재판매할 수 있고, 만일 직접 권리를 행사한다면 (실제로 다리 이름을 짓는 식으로) NFT를 소각해 전매할 수 없도록 한다. 지역 상품권 가상통화로 이런 거래도 가능하게 한다면 지역의 경제 규모는 지금보다 훨씬 커지지 않을까?

지방에는 아무도 사용하지 않는, 비어 있는 공간이 꽤 많다. 지역 내에서는 좀처럼 사용처를 찾기 힘들고 임대할 사람도 없지만, 대상을 넓혀보면 새로운 이용자가 나타날 가능성이 있다. 이런 경우도 공간 이용권을 NFT로 판매해보면 어떨까?

이렇게 지역 상품권 가상통화와 다양한 권리 매매를 결합하

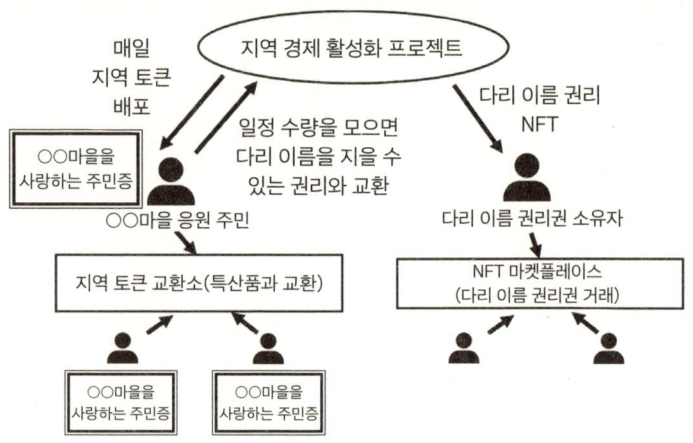

▶지역 진흥 사업에 해시마스크를 응용한 아이디어

다 보면, 지역 경제 활성화 측면에서 새로운 경제권을 만들어낼 수 있다. 시스템 개발에 별다른 비용은 들어가지 않는다. 또한 기존 NFT 마켓플레이스를 이용해 '디파이'와 같은 분산 자동화 시스템을 사용하면 별도 운영비나 관리 인건비도 거의 들어가지 않는다.

∘ 5G가 본격적으로 확대된다면? ∘

휴대전화 5G 서비스가 본격적으로 확대된다면 무선으로 대용량 데이터를 매우 빠르게 송신할 수 있다. 영화 한 편 분량의 데이터도 몇 초 만에 다운로드할 수 있는데, 사실 요즘은 영화를 굳이 다운로드까지 해서 볼 필요는 없는 상황이다. 대부분의 사람은 현재의 통신 환경을 만족스러워 하기 때문에 지금보다 통신 속도가 훨씬 빨라진다고 해도 크게 어떤 점이 달라지는지 체감하지 못할 수도 있다.

필자는 사람이 사용하는 인터페이스를 위해 필요한 정보를 주고받는 용도로는 지금 속도도 충분히 빠르다고 생각한다. 게다가 스마트폰처럼 컴퓨터를 손바닥 위에 올려놓았으니, 오히려 인간의 처리 속도가 훨씬 더 느리다고 할 수 있다. 우리 신체 주변에 있는 정보 통신 기기는 처리 속도가 남아돌아 늘 대기 상태일 정도다.

그럼 왜 5G와 같은 고속 통신 및 대용량 통신이 필요한 걸까? 앞으로는 인간이 아닌 컴퓨터가 직접 다른 컴퓨터와 통신할 것이기 때문이다. 컴퓨터끼리 통신한다니! 마치 공상과학 영화 같은 이야기라고 생각할지도 모르지만, 실제로는 지금도 이미 광범위하게 사용되고 있는 기술이다.

웹사이트에 나오는 광고를 생각해보자. 웹사이트의 광고는 고정된 이미지가 아니라 접속하는 사람에 따라 다른 내용을 표시하는데, 같은 사람이라도 시간대가 달라지면 나타나는 광고도 바뀐다. 특정 웹사이트에 몇 번 접속하는지, 그 외 어떤 웹사이트를 보는지, 어떤 광고를 클릭했는지 등 스마트폰이나 PC의 정보를 토대로 데이터베이스를 비교한다. 그리고 광고주의 설정에 따라 광고 요금을 계산하고, 어떤 이미지를 표시하면 좋을지 효율적으로 판단해 사용자의 눈앞에 광고를 띄운다. 클릭한 순간 이미 수십 대의 컴퓨터가 서로 정보를 교환하며 각자에게 맞는 광고를 표시하는 셈이다.

앞으로는 이렇게 컴퓨터끼리 주고받는 정보가 더욱 급격하게 증가할 것이다. 예를 들어 자동차 와이퍼가 작동하고 있는지 정보를 수집해 특정 지역에 비가 내리기 시작했는지 실시간으로 파악할 수 있다. 도로를 달리는 수많은 자동차와 직접 통신하면서 정보를 빠르게 수집하고 어느 지역에 비가 내리는지 표시하는 기술을 활용하려면 5G와 같은 고속 통신, 대용량 통신이 필요하다.

또한, 'IoT(사물인터넷)'가 더욱 발전하면 손잡이나 의자, 신발 같은 생활용품까지 인터넷으로 연결되는 시대가 올지도 모른다. 아이가 스마트폰을 가지고 있지 않아도 현관문을 연 이력이 있고 신발 위치 정보가 공원으로 확인되면 아이가 공원에 놀러 나갔다는 사실을 알 수 있다. 최근에는 고령화가 급속하게 진행되면서 혼자 사는 노인들을 돌보는 일도 중요한 사회적 과제로 떠오르고 있다. 노인을 돌봐주는 사람들도 나이가 들고 젊은이들도 줄어들고 있는 상황에서 기계가 돌봄을 도맡는 일은 피할 수 없는 시대의 흐름이다.

어느 집 문이 열렸는지, 누구 방 손잡이가 닫혀 있는지와 같은 정보를 수집할 때 '어디', 또는 '누가'라는 유일한 정보를 다루기 위해서는 NFT를 활용해야 한다. 물론 기존의 관리 시스템으로도 충분히 구축할 수 있지만, 기록이 남고 변조 불가능하며 백업을 어떻게 해야 할지 고려하다 보면 결국 블록체인을 활용하는 방향으로 이행될 것이다.

또 다른 예로, 호텔의 각 방을 NFT로 만들어 블록체인으로 관리하고 예약 시스템과 연동한다면, 별도로 체크인을 하지 않아도 된다. 스마트폰에 도착한 메시지에 방 번호가 적혀 있는데, 방문 앞에서 스마트폰을 터치하면 자동으로 잠금이 해제된다. 각 방은 NFT로 관리되며, 날짜별 소유자는 해당 일자에 예약한 사람으로 한정되기 때문에 중복 예약은 일어날 수 없다. NFT를 통해 방을 사용할 권리를 지니므로 실제로 숙박하지 않는다면 다른 사람에게 권리를 양도하거나 재판매할 수 있다. 물론 실제로 이러한 시스템을 구축하려면 여러 가지 제약이 있어 말처럼 쉽게 실현될 수는 없겠지만, 기술적으로는 충분히 가능하다.

렌터카나 차량 공유 서비스 등도 마찬가지 방법으로 NFT로 관리한다면, 지금 기술로는 쉽지 않은 '다시 빌려주기'도 가능하다. 이렇게 다양한 재화와 서비스가 인터넷으로 연결되어 NFT를 통해 누가 언제 어떤 것을 사용하고 있는지, 또는 예약

되어 있는지 기록할 수 있으며, 실제로 재화나 서비스를 사용할 때는 해당 NFT를 소유한 상태로 전환된다. 여기서도 '디파이'나 '댑스' 같은 프로그램을 결합하면 따로 관리하는 사람이 없어도 손쉽게 운영할 수 있다.

NFT는 공유경제와도 잘 맞아떨어지는 만큼 앞으로는 상상하는 것보다 훨씬 더 다양한 분야에서 블록체인이나 NFT가 사용될 것으로 예측된다.

◦ 재택근무에서 가상공간 근무로 ◦

코로나19로 인해 재택근무가 상당히 빠르게 정착됐다. 그러나 컴퓨터나 스마트폰 화면을 통해 커뮤니케이션하는 작업은 전화의 연장에 불과하다. 일대일 대화라면 큰 문제가 없지만, 10명 정도 모여 온라인으로 회의를 하다 보면 종종 옆에 앉은 사람과 귓속말을 하고 싶을 때가 있다. "부장님 말이 너무 긴 거 아냐?", "이 자료에 있는 숫자, 틀린 거 아닌가?" 하고 말이다. 굳이 따로 대화를 하고 싶다면 개별적으로 채팅을 하거나 메신저로 메시지를 보내면 되지만 직접 말로 하는 것보다는 상당히 번거롭다. 때로는 메시지를 보낼 사람을 잘못 지정해 돌이킬 수 없는 사태가 벌어지기도 한다.

이러한 기능을 실현하려면 VR(가상현실)로 이행해 '헤드마운트 디스플레이Headmount Display'라 불리는 고글처럼 생긴 기기를 장착하고 가상 회의실에 아바타 상태로 앉아 회의를 진행하면 된다. 멀리 앉은 사람의 목소리는 멀리서 들리는 것처럼, 가까이에 앉은 사람의 목소리는 가까이에서 들리는 것처럼 현실과 비슷하게 재현할 수 있어 옆에 앉은 사람에게 귓속말하듯 말할 수도 있다.

이와 같은 환경이 정비되면 가상 세계에서도 혼자 사용하는 아이템이 늘어날 것이다. 다만, 어디까지나 현실이 아닌 가상공간이므로 다른 사람과 똑같은 아이템을 사용하면 어떤 것이 자신의 것인지 구별하기 어렵다. 게다가 데이터를 통째로 복제해버리면 특정 아바타가 입은 의상을 다른 사람이 그대로 복제할 수도 있다. 그렇기에 특정 소유자가 있는 아이템은 NFT로 만들어 도장을 찍어두려는 수요가 생길 것이다.

비즈니스 측면에서 생각하면, 가상 세계라도 제품 설계도나 디자인, 프로토타입 시제품 등은 엄연히 존재한다. 물론 애초에 아이디어가 복제되지 않도록 방지책을 세우는 것도 중요하지만, 복제될 경우를 대비해 원본 아이템이 손안에 있다는 사실을 증명하는 NFT를 만들 필요가 있다. NFT는 이러한 과정을 통해 일반인들에게도 널리 알려질 것이다.

현실에 존재하는 물리적인 세계에서는 NFT로 차량을 공유하는 등 공유경제가 확대되고, 가상 세계에서는 NFT를 통해 증명하는 개인의 소유물이 늘어난다니 상당히 재미있는 현상이라 할 수 있다.

∘ 가상공간 '세컨드 라이프'에서의 경험이 실제로? ∘

앞서 2007년 무렵 가상공간 '세컨드 라이프'에 푹 빠진 적이 있다고 이야기했다. 당시 함께 게임을 했던 지인들과 만나면 10년 전 이미 경험한 일들이 이제야 재현되고 있다고 말하곤 한다. 지인들도 모두 비슷한 느낌을 받은 듯했다.

세컨드 라이프에서는 가상통화와 유사한 개념인 '린든 달러'라는 전자 포인트를 기반으로 경제가 돌아갔다. 당시에는 RMT, 즉 '리얼 머니 트레이드'라 하여 포인트를 실제 화폐(원화)로 환전할 수 있었다. 가상공간에서 일하며 린든 달러를 벌고, 의상이나 탈것을 제작해 팔기도 하고, 가상공간의 토지를 매매하거나 임대하기도 했다. 심지어 주식회사까지 있었는데, 거래소에 상장하면 높은 가격에 주식이 거래되기도 했다. 개중에는 세컨드 라이프에서 은행을 운영하는 사람까지 있었다.

실제 사회에는 까다로운 절차나 규제 때문에 불가능한 일들, 하고 싶어도 절차를 밟는 데 긴 시간이 걸려 당장 실현하기 어려운 일들이 있다. 하지만 당시 세컨드 라이프 사용자들은 현실 세계에서는 할 수 없는 일을 다양하게 경험했다. 세컨드 라이프는 완성도가 높아 언론에서도 여러 차례 비중 있게 다루었다. 많은 사람의 이목이 집중되자 대기업들은 앞다퉈 세컨드 라이프에 지점이나 영업소를 마련했다. 그러자 여러 이해관계가 얽힌 사람들이 들어왔고, 악의가 있는 무리까지 나타났다. 결국 규제가 한층 강화되었는데, 몇 년이 지나자 RMT마저 금지되어 세컨드 라이프의 경제는 점차 활기를 잃어갔다.

세컨드 라이프에서는 NFT와 똑같은 일이 가능했다. 가상 공간에서 자동차를 만들어 '복제 불가', 또는 '복제 가능' 같은 설정을 할 수 있었다. '복제 불가'로 설정하면 아무리 제작자라도 설정을 풀지 않는 이상 복제를 할 수 없다. 이렇게 하면 디지털이라도 원본은 단 한 점만 존재하게 된다. 화면을 복제할 수는 있지만 (현실 세계로 치면 사진을 찍는 일) 만든 자동차에 탈 수는 없고, 해당 아이템을 소유한 사람만 사용할 수 있다. 소유자가 누구인지도 기록되므로 그야말로 NFT와 똑같다.

다만, 블록체인에 기록되지 않으므로 실제로 하나밖에 없는 아이템인지는 운영 회사의 관리 시스템을 믿을 수밖에 없다. 하나뿐인 아이템으로 표시되어도 내용이 진짜인지는 확인할 길이 없다. 이러한 점에서 NFT는 블록체인에 기록되는 만큼 누구나 확인할 수 있어 신뢰도 면에서 차원이 다르다.

▶ '세컨드 라이프'와 향후 메타버스의 차이

요즘은 온라인 게임 운영 방향까지 변화하고 있다. 가상공간 '메타버스' 안에서는 지금까지 상상도 하지 못한 이벤트가 개최되기도 한다. 한 예로 일본의 유명 가수 겸 작곡가 요네즈 겐시는 서로 대전하는 전투 게임인 '포트나이트Fortnite'에서 스페셜 이벤트를 개최했다.[49] 포트나이트에는 전투하지 않고도 플레이어끼리 대화를 나눌 수 있는 '파티로얄Party Royal'이라는 공간이 있는데, 그곳에 가상으로 스테이지와 대형 스크린을 설치했다. 그리고 스크린에 자신의 모습을 등장시켰다.

포트나이트에서는 아직 NFT를 쓸 수 없지만, 블록체인을 기반으로 하는 게임이 늘어나고 있기 때문에 앞으로 메타버스에서 NFT를 이용하는 일이 당연하게 여겨질 것이다. 가상 세계라도 디지털 아이템의 소유권을 명확히 하는 일은 매우 중요하며, 각종 이벤트에서 참가자만 받을 수 있는 아이템을 배포하는 식으로 현실 세계와 유사한 일이 늘어날 것으로 보인다.

또한 NFT를 이용하면 다른 차원의 메타버스도 끌어들일 수 있다. 현실 세계로 치면 일본에서 구매한 기모노를 입고 미국으로 여행을 떠나는 것과 비슷하다. 이렇게 NFT 아이템끼리 교류가 활발해지면 새로운 경제권까지 탄생할 수 있다. 메타버스라는 가상 세계라도 수출, 수입과 같은 무역 거래가 일어날 가능성이 숨어 있다.

게다가 NFT는 디지털 자산뿐 아니라 실제 물건과 연결 지을 수 있으므로 응용 범위는 끝이 없다. 미래에는 실제인지 가상인지 구별하는 일 자체가 의미가 없어질지도 모른다.

칼럼 8 VR, AR, MR, 그리고 XR

컴퓨터가 만들어내는 가상공간은 인간이 인식하는 방식에 따라 여러 종류로 구분된다. 앞으로 이러한 기술은 점차 중요해질 것이며, 얼마 지나지 않아 스마트폰보다 더욱 가까운 존재가 될 것이다.

여기서는 현시점에서 VR, AR Augmented Reality, MR Mixed Reality의 차이와 이를 융합한 XR Extented Reality에 대해 설명하고, 이들이 NFT와 어떻게 관련되어 있는지 설명하고자 한다.

'VR'은 '가상현실'이라 부르며, 컴퓨터가 100% CG로 만들어낸 세계다. 인간은 고글을 쓰고 액정 화면에 나타나는 CG 세계를 보며 가상현실을 체험할 수 있다. VR은 TV와 달리 오른쪽을 바라보면 자동으로 오른쪽 풍경이 나오고, 왼쪽을 바라보면 왼쪽 풍경이 나온다. 전부 컴퓨터로 만든 세계이므로 창문이 없는 작은 방에 있더라도 저 멀리 푸른 초원이 내다보이는 곳에 서 있는 느낌을 받을 수 있다.

NFT 아트는 디지털 아트이기 때문에 가상공간에 전시장을 만들어 NFT 아트를 전시하고 감상할 수도 있다. 다만, 현실 세계는 보이지 않으므로 손을 움직이거나 걸어 다니다 보면 벽에 부딪혀 갑자기 현실로 되돌아오게 된다.

'AR'은 '확장현실'이라는 뜻으로, 선글라스 같은 디스플레이를 착용하고 현실 위에 컴퓨터가 만든 CG를 띄워서 볼 수 있다. 예를 들어 현실의 방과 물고기가 헤엄치는 영상을 합치면 마치 방 안에 물고기가 떠다니는 것처럼 보인다. 물론 NFT 아트도 AR로 표현할 수 있으므로, NFT 아트를 AR로 띄우면 실제 벽에 그림을 전시한 것처럼 보인다.

다만, 컴퓨터는 현실 세계의 정보를 파악할 수 없기 때문에 벽이나 책장, 서 있는 사람 등은 무시한 채 영상이 표시되는데, 그로 인해 엉뚱한 곳에 물고기가 헤엄치는 모습이 나타나기도 하고, NFT 아트가 부자연스러운 모습으로 공중에 떠 있는 것처럼 보이기도 한다.

'MR'은 '복합현실'이라는 뜻이다. AR과 마찬가지로 선글라스 같은 디스플레이를 사용하지만, 컴퓨터에 현실 세계의 정보를 입력한 뒤 가상 세계의 정보와 합쳐 표시한다. 방 안에 CG로 만든 물고기가 떠다녀도 컴퓨터가 벽이나 가구의 위치를 파악하므로 장애물을 피해 헤엄치는 식이다. NFT 아트도 마치 벽에 장식한 것처럼 자연스럽게 표시된다.

MR 시대가 오면, 일본의 인기 애니메이션 〈도라에몽〉의 '어디로든 문'처럼 CG로 된 문을 열어 해외의 카메라 영상을 실시간으로 표시할 수도 있다. 또한 NFT 아트를 방 안의 테이블에 올려두고 여러 사람이 회의를 할 수도 있다.

지금까지 VR, AR, MR은 각각 개별적으로 사용하지 않으면 컴퓨터 처리 속도나 인터넷 회선 속도가 뒷받침해주지 못했다. 하지만 이제는 컴퓨터와 스마트폰이 매우 빨라지고, 5G가 보급되면서 이러한 기술들을 조금 더 복합적으로 이용할 수 있게 되었다.

게다가 최근에는 'XR'이라 부르는 기술이 등장해 앞서 소개한 기술들을 자유자재로 결합해 표현할 수도 있다. 그 결과, 서로 떨어진 장소에 있는 사람이 아바타를 만들어 같은 방에서 회의를 하거나 반대로 상대방의 사무실에 아바타 상태로 방문할 수 있다. 또한 인공지능을 갖춘 어시스턴트 아바타가 앞서 걸으며 길을 안내하기도 한다.

이처럼 앞으로는 컴퓨터 속 세계와 현실이 융합되면서 디지털 자산과 데이터 소유권이 중요해질 것이며, 그에 따라 NFT로 소유자를 명확히 표시하려는 흐름이 뚜렷해질 것이다.

◦ 현실과 완전히 똑같은 가상 세계 '디지털 트윈' ◦

5G와 IoT가 진화하면 현실과 완전히 똑같은 가상 세계인 '디지털 트윈'을 만들 수도 있다. 현실에 있는 다양한 물건에 센서나 통신 기기를 부착해 어디에 있는지, 각각 어떠한 상태인지 컴퓨터에 디지털 데이터로 입력한다. 자동차처럼 수많은 부품으로 이루어진 제품도 개별 부품에 ID를 심어두고, 각각의 부품 상태부터 완성된 제품까지 모두 데이터로 만들어 컴퓨터에 입력한다. 이렇게 하면 현실에 있는 모든 데이터가 컴퓨터에 입력되므로 컴퓨터 내부에 현실과 똑같은 가상 세계를 만들 수 있다. 예를 들어 자동차를 타고 주차장에서 출발하면 가상 세계의 자동차도 똑같이 주차장을 나온다. 자동차가 오른쪽으로 꺾으면 가상 세계의 자동차도 오른쪽으로 꺾는다. 이와 같은 식으로 디지털 트윈이 존재하게 된다.

    디지털 트윈이 만들어지면 컴퓨터가 현실 세계를 이해할 수 있으며, 시뮬레이션을 통해 조금 더 효율적이고 쾌적한 세상을 계산할 수 있다. 예를 들어 자동차를 이용해 교외에 있는 쇼핑몰에 간다면, 디지털 트윈 속에서 어떤 경로로 가면 좋을지 실시간으로 계산한다. 물론 현재 자동차 내비게이션에도 있는 기능이지만 어디까지나 지도상에서 거리나 혼잡도를 고려해 계산할 뿐이다. 디지털 트윈에는 다른 사람이 운전하는 자동차도 실시간으로 존재하므로 각각의 자동차가 어디로 가려 하는지 이제 막 주차장에서 빠져나온 자동차까지 모두 고려해 계산한다. 게다가 기후 변화까지 고려해 모두에게 최적의 길을 안내한다.

이를 현실로 만들려면 막대한 데이터 계산이 필수이므로 5G 통신은 물론 슈퍼컴퓨터나 양자컴퓨터가 필요하다. 우리가 일상에서 사용하는 것은 아직 먼 미래의 이야기이지만, 슈퍼컴퓨터는 이미 재난 대책 등 다양한 목적으로 활용되고 있다.

지진이 발생했을 때 건물이 어떻게, 얼마나 흔들릴지 계산하는 작업은 재난 대비에 무척이나 중요하다. 그런데 지금까지의 기술로는 개별 건물에 대해서만 계산이 가능하다. 마을 전체, 혹은 지역이나 지반, 기울기 등의 차이를 고려하기 어렵다. 하지만 지반 정보나 건물의 건축 연도, 구조, 크기 등 다양한 실측 데이터를 컴퓨터에 입력하면 마을 전체를 디지털 트윈으로 만들 수 있다.

이러한 디지털 트윈을 통해 다양한 지진 패턴을 시뮬레이션해보면, 불과 100m 떨어진 장소에 세워진 똑같은 단독주택이라도 흔들리는 수준이 크게 다르다는 사실을 밝힐 수 있다. 이러한 정보를 이용해 어떻게 대책을 세울지, 어느 길을 이용해 사람들을 대피시킬지 등 안전하게 재난에 대비할 수 있다.

이외에도 이벤트용 장비를 설치하거나 지하철역 보수공사처럼 커다란 자재를 나르는 작업을 해야 할 때 중장비를 이용하기 전에 디지털 트윈을 통해 다양한 상황에서 공사를 미리 시뮬레이션해볼 수 있다. 주변 건물이나 신호등, 전선 위치 등을 꼼꼼하게 확인하고 교통량 변화를 데이터로 만들어두면 디지털 트윈에서 공사를 반복해보며 공사 순서를 어떻게 짤지, 소음이나 진동을 어떻게 줄일지, 통행을 막는 시간을 어떻게 최대한 줄일지 등을 결정할 수 있다.

디지털 트윈의 가상공간이 발전하면 개인이나 소유물을 구별하기 위해서도 NFT를 사용하게 된다. 각종 정보를 NFT에 투영하고 최신 정보를 업데이트하면 조금 더 정밀한 시뮬레이션이 가능해진다. 이러한 과정을 통해 사람들이 더욱 쾌적하게 생활할 수 있도록 미리 설계를 하면 보다 효율적인 세상을 만들 수 있다.

다만, 이러한 과정에서 NFT 기술을 사용하면서도 개개인의 프라이버시를 어떻게 보호할지, 어떤 방식으로 기술과 정책의 양립을 이루어낼지는 어려운 과제로 남아 있다. 이에 대해서는 이후에 다시 설명하도록 하겠다.

◦ 마이넘버와 NFT ◦

좀처럼 '마이넘버(일본에서 2016년부터 발급한 신분증으로, 한국의 주민등록증과 유사하다. 2021년 1월 기준 발급률은 40% 수준이다.—옮긴이)'가 보급되지 않는 실정이지만 이것이야말로 NFT로 만들어 블록체인에 기록하면 좋지 않을까 싶다. 마이넘버는 일본에 거주한다면 꼭 필요한 번호로, 사람마다 각기 다른 번호가 부여된다. NFT와 마찬가지로 원본(개인)은 단 하나뿐이며, 번호는 국가에서 전적으로 관리한다. 누가 어떤 번호를 보유하고 있는지, 어떻게 관리하는지는 베일에 가려져 있다. 예를 들어 누가, 언제, 무엇을 위해 마이넘버를 사용했는지 일일이 확인할 길이 없다. 이를 블록체인으로 만들어 모든 기록을 볼 수 있게 한다면, 마이넘버의 이용 가치는 급격하게 상승할 것이다.

필자가 이렇게 말하면 전혀 모르는 사람이 내 이름이나 주소 같은 개인 정보를 볼 수도 있는 것 아니냐며 불안감을 내비치는 사람이 많다. 블록체인에 기록된 개인 정보는 누가 어떤 정보를 보았는지 블록체인에 기록해두면 함부로 열어보지 못하니 안심할 수 있다. 또한 민감한 개인 정보는 가려두고 사전에 허가한 사람만 열람하는 방법도 있다. 이를 블록체인의 '스마트 계약'으로 실현한다면, 누군가가 마음대로 규칙을 변경할 수 없다. 물론 소유자 몰래 데이터를 확인할 수도 없다.

가정폭력 때문에 가족에게 주소를 노출하고 싶지 않은데 관공서 담당자가 실수로 주소를 가르쳐주는 일이 종종 발생한다. 이런 뉴스를 접할 때면 왜 관공서끼리 데이터를 공유하지 않는지 의문, 아니 분노를 느낀다. 이러한 정보야말로 블록체인으로 관리한다면 특정 가족에게 주소가 보이지 않도록 설정하고, 해당 내용을 관계 부처끼리 공유할 수 있으니 실수로 가정폭력범에게 주소를 노출하는 일 따위는 일어나지 않을 것이다.

◦ 프라이버시의 개념을 바꾼 NFT ◦

인터넷이 보급됨에 따라 개인정보보호법과 같은 법률이 제정되어 프라이버시에 관한 법적 제한이 강화되고 있다. 심지어 사전에 허가를 받지 않으면 개인에게 연락할 방법이 없어 가벼운 내용의 설문 조사조차 불가능한 상황이다. 그러나 프라이버시는 양날의 검 같은 면이 있어 어디까지 편의성을 추구해야 하는지, 동시에 어떻게 프라이버시를 지킬 것인지는 상당히 어려운 문제다.

개인적인 생각이지만 앞으로는 블록체인과 NFT가 확대됨에 따라 점차 정보의 투명성이 높아지고, 프라이버시의 개념도 크게 바뀌지 않을까 싶다. 예를 들어 지금은 일반적인 인터넷 웹사이트는 물론, 은행 ATM, 신용카드 등 실로 많은 곳에서 비밀번호를 요구한다. 비밀번호는 인간이 기계에 본인이 맞다는 사실을 인증하는 수단이다. 사실 매번 비밀번호를 입력하는 일은 상당히 귀찮은데, 기계가 나에게 진짜 본인이 맞냐고 의심의 눈초리를 보내는 듯한 느낌이 들 때도 있다. 자주 사용하는 서비스라면 기계가 먼저 나를 알아보고 알아서 비밀번호를 입력해주면 좋겠다는 바람도 있다. 매번 처음 온 손님처럼 확인을 받아야 하는 상황이 지겨울 정도다.

블록체인이나 NFT, 그리고 IoT를 이용하면 내가 어디에서 이동했는지 기록이 저장되어 본인 확인 절차가 큰 폭으로 줄어들 수 있다. 이렇게 하려면 패러다임을 완전히 뒤집어야 하는데, 자신을 증명하는 마이넘버 NFT의 소유권을 집이나 자동차, 직장에 넘겨야 한다. 집이나 자동차가 '사람'을 소유한다고 생각하면 이해하기 쉬울 것이다. NFT는 유일한 존재인 만큼 사람이 집에 있는지, 차에 타고 있는지 등 각각의 정보가 블록체인에 기록된다.

예를 들어 집을 나서면 문에 있는 IoT가 이를 인식하고, 집은 개인 NFT를 반환한다. 신발에 부착된 IoT가 역까지의 위치 정보를 블록체인에 기록한다. (이 시점에는 도로가 개인 NFT를 소유한 것으로 생각할 수 있다.) 신발의 위치 정보를 통해 역에 도착하면 역이 개인 NFT를 소유하고, 전철이 오면 전철에 소유권을 넘긴다. 이러한 과정을 거쳐 직장에 도착하면 직장이 개인 NFT를 소유한다.

이렇게 특정 인물의 개인 NFT를 '물건'이 소유하는 과정에서 개인이 어디에 있는지 명확해진다. 비슷한 과정으로 은행에 설치된 ATM을 사용할 때 은행(NFT 소유자)이 개인의 위치 정보를 확인하면서 자동으로 본인 인증을 실행한다.

물론 위치 정보뿐 아니라, 안면 인식 등도 인증에 이용할 수 있지만, 비밀번호는 필요 없다. 참고로 안면 인식이나 홍채 인식 같은 생체 인증은 다른 인증 방식과 비교하면 결점이 있다. 예를 들어 미리 사진을 촬영해 얼굴은 인식시킨다 해도 머리 모양이 달라지거나 병이나 상처가 생겨 얼굴이 변하면 안면 인식이 제대로 되지 않는다. 사람의 홍채는 나이가 들어도 변하지 않는다고는 하지만, 컬러 콘택트렌즈를 착용하면 인식이 되지 않을 수도 있다. 이처럼 생체 인증은 인간이 늘 같은 상태를 유지하기 어려우므로, 그것에만 의존하면 상당히 위험하다. 생체 인증은 어디까지나 보조 도구이며, 그 외 다른 인증 조합이 필요하다.

실시간으로 개인이 어디에 있는지 기록되고, 기계에 맞춰 본인 인증이 자동으로 이루어진다면 빈손으로 나가도 아무런 문제가 없는 세상이 올 것이다. 공유차량을 탈 때도, 전철을 탈 때도, 식당에서 식사를 할 때도 자동으로 본인 인증과 결제가 이루어질 것이다.

교통기관과 자동차업계는 탈것을 개별적으로 보지 않고 하나의 서비스로 묶는 '마스MaaS'를 구상하고 있다. MaaS란 'Mobility as a Service'의 약자로, 전철이나 버스, 택시 등 교통 수

단을 통합해 하나의 서비스로 제공하는 개념이다. 이 개념이 정착하면 전철이나 버스의 운행 시간, 교통기관별 이용 요금 등을 개별적으로 알아보지 않고 한꺼번에 검색할 수 있다. 요금도 일일이 낼 필요 없이 한 번만 결제하면 된다. 역에 도착하면 택시가 미리 기다리고 있다고 생각해보라. 너무 편리할 것 같지 않은가? 이러한 과정을 현실로 만들기 위한 기술로 블록체인이 떠오르고 있다.

∘ NFT를 지금 당장 비즈니스에 활용하는 방법 ∘

지금까지 설명한 내용들이 아주 먼 미래의 이야기처럼 들리는가? 공상과학 소설을 읽는 듯한 느낌이 드는가? 하지만 그만큼 다양한 상상을 펼칠 수 있는 분야가 NFT라고 생각한다. 앞서 언급한 '해시마스크 프로젝트'만 해도 전부 구체적으로 설명할 수 없을 정도로 여러 가지 내용이 포함되어 있다. 이렇게 자유로운 발상이 가능한지 아닌지의 여부가 향후 비즈니스를 크게 좌우할 것이다. NFT처럼 기존 개념과 상식을 뒤집은 기술은 개발 초기에는 이해하는 사람이 적은 만큼, 일부 사람이 언급하면 호들갑이라고 생각하기 쉽다. 그 결과, 안타깝게도 시대의 흐름에 뒤처지고 마는 일이 지금껏 여러 차례 발생했다.

예를 들어 QR코드는 1994년 일본의 자동차 부품회사 덴소가 개발한 기술이다. 당시 일본의 자동차 제조업체 토요타에서는 생산 공정상 부품을 관리하기 위해 바코드를 사용했는데, 바코드에는 많은 정보를 담을 수 없어 부품 한 개에 바코드 여러 개를 붙여야 했다. 그렇다 보니 한꺼번에 부품 정보를 인식하지 못해 효율성이 좋지 않았고, 일부 내용을 빠뜨리고 넘어가는 일도 다반사였다. 이러한 단점을 개선하기 위해 2차원 바코드인 QR코드를 개발한 것이다.

그 당시에는 재고를 관리하거나 간단한 정보를 확인하는 용도로 만들었지만, 2001년 NTT 도코모(일본 최대의 통신회사—옮긴이)와 코카콜라가 협업해 자동판매기에 QR코드 결제 기능을 추가하고 휴대폰으로 결제할 수 있는 기능을 개발했다. (실제로 필자도 QR코드로 자동판매기에서 음료수를 구매한 적이 있다.) 무척 획기적인 시도였지만, 이후 휴대폰 결제(이후 일본 휴대폰에 NFC 기능이 보급되어 선불 충전 및 NFC 터치 결제가 보편화되었다.—옮긴이)가 대중화되면서 QR코드 결제는 소리 없이 모습을 감추었다.

그러나 중국에서는 QR코드 결제가 폭발적인 인기를 끌었다. 지금은 전 세계로 확대되어 일본에서도 '○○페이'라는 이름을 달고 나온 결제 수단은 대부분 QR코드 방식을 채택했다. 만약 일본에서 QR코드 결제가 먼저 보급되었다면, 이후 휴대폰 결제에 사용된 '펠리카FeliCa(소니에서 개발한 NFC 규격—옮긴이)'가 해외에 출시되었다면 일본은 좀 더 빨리 현금 없는 사회를 맞이했을지도 모른다.

무엇이 어떻게 세상을 바꿀지 상상력을 최대한 발휘해야 NFT나 블록체인의 진가를 발휘할 수 있다. 이 책의 내용을 발판 삼아 새로운 상상력으로 만든 새로운 비즈니스, 세상을 바꾸는 서비스가 탄생하길 바란다.

정리

- 10년 후에는 새로운 기술이 세상을 바꿀 것이다. NFT는 그러한 가능성을 숨겨둔 기술이다.
- NFT와 함께 확대되고 있는 두 가지 기술 '댑스'와 '디파이'에 대해 알아둘 필요가 있다.
- '해시마스크 프로젝트'를 이해하면 NFT나 블록체인을 사용한 새로운 비즈니스의 힌트를 얻을 수 있다.
- 5G로 컴퓨터끼리 정보를 주고받으면서 점차 다양한 사물이 IoT로 이어질 것이다.
- 컴퓨터나 스마트폰을 이용한 재택근무에서 가상 세계를 무대로 한 가상근무 시대로 변화할 것이다.
- 2007년에 유행한 게임 '세컨드 라이프'에서 일어난 일이 오늘날 현실 세계와 융합하면서 다시 재현되고 있다.
- '마이넘버'를 NFT로 생각해보면, 앞으로의 세상은 블록체인을 기반으로 크게 변화할 것이다.
- NFT와 블록체인은 프라이버시의 개념조차 바꾼다.
- 변화를 발 빠르게 읽고, 비즈니스에서 어떻게 활용할지 상상력을 동원해야 한다.

끝내며

우선 이 책을 끝까지 읽어준 독자 여러분에게 감사의 말을 전한다. NFT에 대해 잘 모르는 초보자를 위해 전반적인 내용을 설명하고자 했지만, 현재진행형으로 시시각각 발전하는 기술이다 보니 원고를 쓰고 있는 지금 이 순간에도 NFT를 활용한 새로운 아이디어가 속속 등장하고 있다.

최근 며칠 사이 '루트Loot'라는 키워드가 갑자기 뜨겁게 달아올랐다. '루트'는 일종의 모험 게임인데, 출발할 때 장착한 아이템 리스트를 적은 10자리 정도의 메모가 NFT로 판매되고 있다. 아이템 리스트를 기반으로 모험 이야기를 만들어 새로운 게임을 만드는 것이 인기다. 이 메모 NFT는 비싼 가격에 거래되어 게임이 서비스를 개시한 지 불과 5일 만에 500억 원에 가까

운 거래가 이루어졌다.[50]

　게임 캐릭터나 그림 등은 쉽게 떠올릴 수 있지만, 장착한 아이템의 리스트라니! 아무도 상상조차 하지 못한 NFT였다. 게다가 이러한 NFT가 실제로 거래된다니 그저 놀라울 뿐이다. 앞으로 어떤 세상이 올지는 모르지만, 새로운 아이디어만 있으면 돈이 오간다는 사실을 깨닫고 행동할 필요가 있다.

　이 책을 통해 현재 NFT가 어떤 상품이나 아이디어로 팔리는지, 실제로 어떤 사람들이 구매하는지, 아트 이외에도 어떤 분야의 NFT가 거래되는지 폭넓게 이야기했다. 너무 많은 사례를 소개해 전부 이해하기 어려울지도 모르지만, 활용 범위가 급속하게 넓어진다는 점 만큼은 꼭 이해했으면 좋겠다.

　매일 새로운 NFT 마켓플레이스가 생겨나고 있어 그 수를 헤아릴 수조차 없을 정도다. 그런데도 아직 법률이 뒤따라가지 못하는 상황이다. 앞으로 가이드라인 및 법률 정비가 이루어지면 지금보다 안심하고 거래할 수 있겠지만, 규제가 생기는 만큼 자유로운 발상 역시 제한받을 가능성이 크다. 개인적으로는 아쉽지만, 규제가 생기기 전에 좀 더 빠르게 새로운 발상을 해보면서 어떻게 하면 비즈니스로 연결할 수 있을지 고민해보기 바란다. 일주일 만에 수백억 원의 거래가 이루어지는 비즈니스가 탄생할지도 모른다.

　마지막 장은 3~5년 후를 상상하며 글을 썼다. 다만, 그대로 현실이 될지는 누구도 예측할 수 없다. 더 늦게, 혹은 더 빨리 현실이 될지도 모른다. 그리고 국내뿐 아니라 해외로 진출하기 위한 수단으로도 NFT가 널리 활용되길 바란다.

NFT를 사용하면 마켓플레이스에 출품하는 일 외에는 신경 쓸 것이 거의 없다. 메일 문의를 받을 일도 없고, 해외로 물건을 보낼 일도 없다. 대금도 가상통화로 결제하므로 송금이 잘 되었는지 걱정하지 않아도 된다. 이러한 장점은 해외로 진출할 수 있는 기회를 제공해준다. 단 한 장의 그림이나 사진을 올리기만 해도 전 세계를 시장으로 만들 수 있으니 앞으로 비즈니스의 개념도 변화할 것이다. 부디 꼭 도전해보기 바란다.

마지막으로 이러한 책을 출판할 수 있는 기회를 주시고, 바쁘다는 핑계로 원고가 늦어지는 와중에도 인내심을 갖고 기다려준 주식회사 라이프퍼블리싱의 편집자 고토 씨에게 감사드린다. 또한 밤늦게까지 컴퓨터 자판을 두드려도 따뜻하게 바라봐준 아내에게도 감사의 마음을 전한다.

미주

미주 일람
https://livepublishing.co.jp/download/books/nft/opensea.pdf

1. 정확하게는 24픽셀×24픽셀. 300dpi로 계산하면 2㎜×2㎜의 인쇄 이미지다.
2. https://www.larvalabs.com/cryptopunks
3. https://mashable.com/article/cryptopunks-ethereum-art-collectibles
4. https://www.cryptokitties.co
5. https://onlineonly.christies.com/s/beeple-first-5000-days/beeple-b-1981-1/112924?ldp_breadcrumb=back
6. https://www.dapp.com
7. https://bitcoin.org/bitcoin.pdf
8. https://www.afpbb.com/articles/-/3059098
9. https://biz-journal.jp/2021/06/post_229733.html
10. https://www.youtube.com/watch?v=C4wm-p_VFh0
11. https://hypebeast.com/jp/2021/7/banksy-valuart-spike-NFT-auction
12. https://www.cryptoartjapan.com
13. https://prtimes.jp/main/html/rd/p/000000009.000073663.html
14. https://note.com/sekiguchiaimi/n/ndbe15f2f4bdc
15. https://twitter.com/jack/status/20
16. https://nbatopshot.com
17. https://nwayplay.com

18. https://www.itmedia.co.jp/news/articles/1810/26/news077.html
19. https://ja.cre8tiveai.com/ep
20. https://www.itmedia.co.jp/news/articles/1604/08/news094.html
21. https://www.afpbb.com/articles/-/3337990
22. https://prtimes.jp/main/html/rd/p/000000080.000042665.html
23. https://prtimes.jp/main/html/rd/p/000000019.000035719.html
24. https://prtimes.jp/main/html/rd/p/000000002.000081425.html
25. https://news.mynavi.jp/article/20210428-1880911
26. https://twitter.com/nftex_PR/status/1304322769522323457
27. https://prtimes.jp/main/html/rd/p/000000049.000021553.html
28. https://www.neweconomy.jp/posts/127801
29. https://sportsseoulweb.jp/star_topic/id=27205
30. https://prtimes.jp/main/html/rd/p/000000017.000044158.html
31. https://artmarket.report
32. https://www.thehashmasks.com
33. https://prtimes.jp/main/html/rd/p/000000012.000039475.html
34. https://bijutsutecho.com/magazine/news/headline/24311
35. https://prtimes.jp/main/html/rd/p/000000202.000005556.html
36. https://prtimes.jp/main/html/rd/p/000000006.000079845.html
37. https://prtimes.jp/main/html/rd/p/000000006.000079697.html
38. https://prtimes.jp/main/html/rd/p/000000003.000085855.html
39. https://prtimes.jp/main/html/rd/p/000000007.000037896.html
40. https://www.fsa.go.jp/news/r1/virtualcurrency/20190903-1.pdf

41. https://getnews.jp/archives/2968763
42. https://internet.watch.impress.co.jp/docs/column/blockchaincourse/1326645.html
43. https://twitter.com/dapp_com/status/1423160391585042433
44. https://www.instagram.com/p/CNgMbgLlJXX
45. https://www.neweconomy.jp/posts/148685
46. https://crypto.watch.impress.co.jp/docs/news/1211554.html
47. https://www.neweconomy.jp/posts/148614
48. https://news.mynavi.jp/cryptocurrency/bitcoin-mtgox
49. https://blog.ja.playstation.com/2020/07/31/2020731-fortnite
50. https://thebridge.jp/2021/09/the-latest-NFT-fad-is-a-text-based-fantasy-game-building-block-pickupnews

NFT 마켓의 원리

메타버스 시대의 콘텐츠 혁명

초판 발행 2022년 3월 15일 | **1판 1쇄** 2022년 3월 23일
발행처 유엑스리뷰 | **발행인** 현호영 | **지은이** 아다치 아키호 | **옮긴이** 박세미
편집 김동화 | **디자인** 임지선 | **제작** 박황순
주소 서울시 마포구 월드컵로 1길 14 딜라이트스퀘어 114호
팩스 070.8224.4322 | **이메일** uxreviewkorea@gmail.com

ISBN 979-11-92143-19-4

비즈니스랩은 유엑스리뷰 출판그룹의 경제경영 전문 단행본 브랜드입니다.
이 책의 한국어판 저작권은 유엑스리뷰 출판사가 소유하고 있습니다.
낙장 및 파본은 구매처에서 교환하여 드립니다.
구입 철회는 구매처 규정에 따라 교환 및 환불처리가 됩니다.

DARENIDEMO WAKARU NFT NO KAISETSUSHO

Copyright © 2021 by Akiho Adachi
All rights reserved.

Original Japanese edition published in 2021 by Live Publishing
Korean translation rights arranged with Live Publishing
through Eric Yang Agency Co., Seoul.
Korean translation rights ©2022 by UX REVIEW

이 책의 한국어판 저작권은 에릭양에이전시를 통한 Live Publishing과의 독점 계약으로
유엑스리뷰가 소유합니다. 저작권법에 의하여 한국 내에서 보호를 받는 저작물이므로
무단전재와 무단복제를 금합니다.